メンバーの頭を動かし
顧客を創造する

会議の強化書

会議再生屋
高橋輝行

JN035475

あさ出版

経営学の神様はこう言いました。

「企業の目的は『顧客の創造』である」と。

経営学の神様とは、世界中の経営者に大きな影響を与えた偉人「ピーター・F・ドラッカー」です。

かつての日本人は、自動車、バイク、家電、ゲーム、アニメなど、多くの分野で人の心をワクワクさせるものを生み出し、世界中に感動する顧客を創造してジャパンブランドを築きました。

しかし、今の私たちはどうでしょう？

目先の仕事に追われ、数字を上げることに気を取られ、忙しいだけの毎日になっていないでしょうか？

人の心を強く感動させるようなものを生み出せているでしょうか？

メディアでは「日本からGAFAが出ない」「グローバルで活躍できる日本人が少ない」と書かれるのをよく目にしますが、かつての日本人はそれをやってのけました。

では、かつてと今では何が変わったのでしょうか？

それは顧客が感動する商品や事業を考え抜き、実現する「**会議**」 **をしなくなった**ことにある、と私は考えています。

私は、会議再生屋として100社以上の企業で、新商品や新事業プロジェクトの実行を推進してきました。

　そこで見たのは、**忖度や根回し、責任の押し付け合い**といった顧客を創造するディスカッションとはほど遠い世界でした。

　そのような状況を目の当たりにし、「このままでは日本はダメになる」「世界から取り残される」という危機感を強く抱くようになりました。

「どうすれば、
##　顧客を創造する会議ができるのか？」

　これが、本書で解き明かそうとする問いです。

　本書が、一人でも多くの日本人に**顧客を創造する会議**の扱い方に気付いてもらい、世界を感動させる商品やサービスを生み出すキッカケになれば幸いです。

　そして、働くことを心から楽しみ、一度きりの人生を誇りあるものにしていただきたいと心から願っています。

会議再生屋　高橋輝行

日本の会社の **9 割** が

移

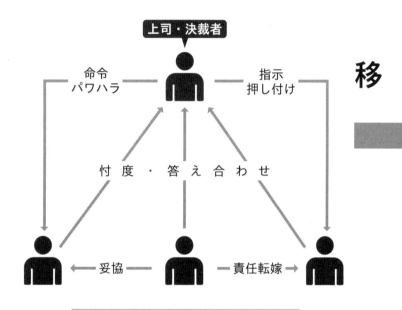

多くの会議

上司・決裁者

命令
パワハラ

指示
押し付け

忖度・答え合わせ

妥協

責任転嫁

お互いに頭をうまく使えていない

"ストレスを生み、新しい価値は生まれない"
「つまらない、眠い、早く終わってほしい」

会議で頭を使えていない

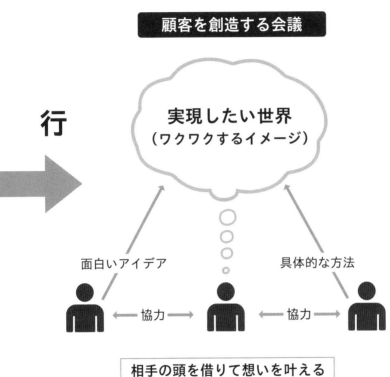

顧客を創造する会議

行

実現したい世界
（ワクワクするイメージ）

面白いアイデア

具体的な方法

←―協力―→

←―協力―→

相手の頭を借りて想いを叶える

"ワクワクしながら、新しい価値を生み出す"
「面白い、やりたくなる、学びになる」

会議を使いこな

会議で頭を正しく使えていない会社

- 上司への忖度や周囲への妥協が生まれる
- 丸投げや責任の押し付け合いが起こる
- やりっぱなしで成果が上がらない

従業員

- 想いや本当に実現したいことが見えない
- ワクワク感や感動するところが少ない
- いい点やダメな点が次に活かされない

商品事業

- 買いたい、リピートしたいと思えない
- 知り合いおよびSNSで勧めようとしない
- その企業のことを好きになれない

顧客

せば会社が変わる

会議で頭を正しく使えている会社

従業員
- 目指す姿を掲げて足並みが揃っている
- 一緒に考え、新たな価値を生み出している
- 学習を続け成果を上げる工夫をしている

商品 事業
- 想いが細部にまで行き届いている
- 触れた瞬間にワクワク感や感動が得られる
- よりよいものを目指して進化を続けている

顧客
- 思わず手が出てしまう、買い続けてしまう
- 他の人と感動を分かち合いたいと思う
- ファンになって応援したくなる

新 た な 価 値 を

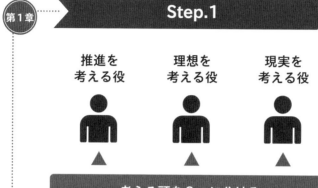

第1章

Step.1

推進を
考える役

理想を
考える役

現実を
考える役

考える頭を3つに分ける

自分と相手の
頭脳の役割を理解する

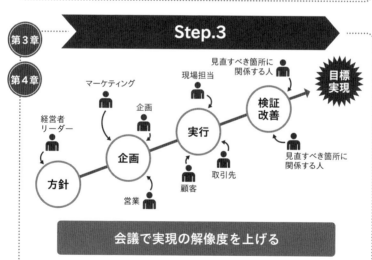

第3章

第4章

Step.3

マーケティング

現場担当

見直すべき箇所に
関係する人

目標
実現

経営者
リーダー

企画

検証
改善

方針

企画

実行

見直すべき箇所に
関係する人

営業

顧客

取引先

会議で実現の解像度を上げる

人を巻き込み目標を実現するための
会議の進め方を身に付ける

生む 3Steps

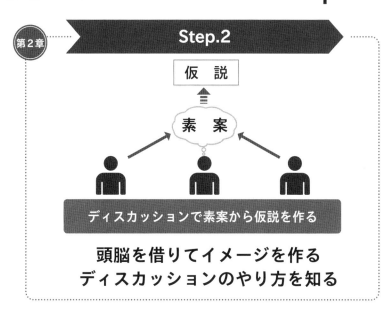

第2章

Step.2

仮　説

素　案

ディスカッションで素案から仮説を作る

頭脳を借りてイメージを作る
ディスカッションのやり方を知る

考える
頭を3つに
分けて
目標実現!!

なぜ今、会議の強化が必要なのか？

▛▶ 組織の頭脳を使えなければ会議じゃない

　私は「会議再生屋」として、これまで10年以上にわたり100を超える企業の経営者・リーダーから依頼を受け、みなさんと一緒に新商品や新事業を生み出してきました。

　クライアントの業種は、エンターテイメントや製造、食品、建設、物流、通信、青果仲卸、フィットネス、飲食、観光、出版、金融、ITなど多様です。

　私はそれぞれの業種に精通しているわけでもなく、クライアントになる企業のことも最初は全く知りません。それを人に話すと、「そんな状態でどうして新商品や新事業を生み出すことができるのか」とよく疑問に思われます。その答えを最初にお伝えするならば、それは組織から新商品や新事業を生み出すための

「頭の使い方」

「ディスカッションのやり方」

「会議の進め方」

を熟知しているからです。

　私は、これらの技術を使い、企業の経営層や従業員、外部のエキスパートなどの頭脳を借りながら顧客が感動する商品や事業を生み出してきました。裏を返すと、新商品や新事業を生み出せない企業

は、組織の頭脳を上手く使えていないということです。

　例えば、多くの企業では、

● 社長の言うことが絶対の「御前会議」
● 上司の意向に合わせる「忖度会議」
● 正解を求めようとする「答え合わせ会議」
● 波風立てないようにする「妥協会議」
● 誰かの指示を待つ「受け身会議」
● 相手に責任を押し付ける「押し付け会議」

　といった会議が行われています。このような会議からは顧客が感動する商品や事業は絶対に生まれません。

組織の頭脳を上手く使えていない企業の会議

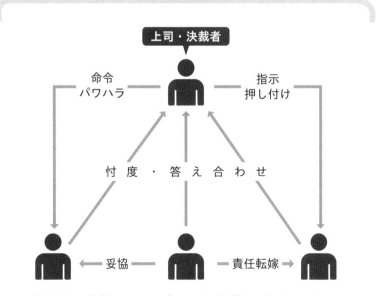

顧客を感動させる商品や事業は生まれない

▣▶ 会議とは夢を実現したい人の想いを叶えるツール

そもそも会議とは何のために行うのでしょうか？

みなさんはそんなことを考えたことがありますか？

会社を立ち上げる時には、創業者は「こんなことに困っている人が、こんなふうに幸せになるといいな」や「こんなことをして、こういう人を笑顔にしたい」といったピュアな想いと、「きちんと儲けを出して、従業員を雇い、新しいことに挑戦できる会社にしよう」という絵姿を頭の中で膨らませ、その世界観の実現のためにいろいろな人の頭脳を借りて新しい価値を創り出します。

そうすることで、新しい顧客が生まれ、会社は収益を上げ、事業は安定し、従業員はやりがいと収入を得て仕事を続ける。そんな好循環が生まれます。しかし、新しい顧客を生み出せなければ、事業は続かず働くこともできません。

つまり会議とは、**顧客を創造し、儲けを得るために行われるもの**なのです。また、会議は顧客を創造したい人にとっては**想いを叶える「ツール」**であり、参加者にとっては頭を使って**新しい価値を実現する「場」**であると言えます。

私がこれから本書で説明する会議では、顧客と新しい価値を生み出せる頭脳を持った人が集まり、それぞれ考える役割を分担し、みんなで「実現する世界」のイメージを膨らませていきます。

それは、とても**クリエイティブな活動であり、また私たちの世界を変えるようなダイナミックな活動でもあります。**

これこそ企業活動の本質であり、働くことそのものと言えるかも

しれません。

　私は先に挙げたような日本の硬直化した会議から「頭を動かす会議」へと再生することによって、世界を感動させる商品や事業を日本から生み出したいと考えています。

　なぜなら、経営層や従業員がやりがいを持って生き生きと働けるようになれば、日本はかつての輝きを取り戻せると信じているからです。

　会議は面白いものでなければいけません。そうでなければ、考えることが面白くなくなり、面白い商品や事業は生まれません。当然、会社も社会もよりよくなることはありません。

会 議 を す る 目 的

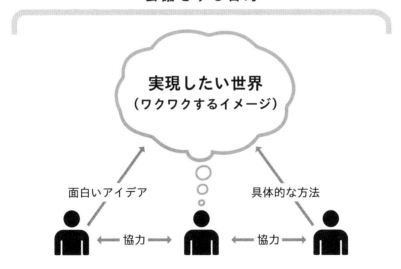

➡️ 今の日本は会議再生のターニングポイントにある

　過去、日本で会議が最大限に活用されたタイミングが二度ありました。それは、「明治維新」と「昭和の戦後」です。

　どちらも価値観が大きく転換した時代です。明治維新では渋沢栄一が、戦後では井深大や本田宗一郎といった人たちが新たな顧客をどんどん生み出し、活躍したのはみなさんご存じの通りです。

　実は、これらの人物には共通点があります。それは、言うまでもなく「会議を上手く使っていた」ということです。

　渋沢栄一は明治の産業人を集めて日本の発展を真剣に話し合う「東京商工会議所」を作り、井深大や本田宗一郎は組織の上下に関係なく自分の考えを率直にぶつけ合うワイガヤ会議から革新的な商品を次々に生み出しました。

　この本を書き始めた2020年は、新型コロナウイルスの流行で一瞬にして顧客が消失した年でした。例えば、インバウンドだけでも年間3000万人以上の顧客が消えたと言われています。

　また、明治維新から右肩上がりで増えた人口は2010年を境に減少を続けています。このような環境下で私たちは今、サステイナブル（持続可能）な企業経営を求められており、現業（いまある事業）の安定深化のみならず、新たな顧客創造にも取り組まなければならないターニングポイントにきています。

　偶然にも先の明治維新と戦後は77年、戦後からコロナ禍が起こった2020年は75年とほぼ同周期ですが、当時と今では環境が大きく異なります。テレワークやDX（デジタルトランスフォーメーション）によって、リアルに集まらなくても話し合える環境が整い、

時間調整や移動時間の軽減によって思考に使える時間は増えました。また副業もこれまで以上に進んでいます。このように人口と経済、働く環境、そして個人の考え方が大きく変化する中で、より強く求められるのが新たな顧客の創造であり、今こそ衆知を活かし新たな価値と顧客を生み出す会議へ再生するベストなタイミングなのです。

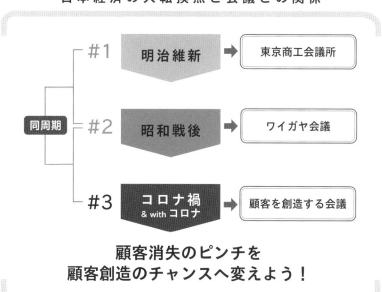

日本経済の大転換点と会議との関係

#1　明治維新　→　東京商工会議所

同周期

#2　昭和戦後　→　ワイガヤ会議

#3　コロナ禍 & with コロナ　→　顧客を創造する会議

顧客消失のピンチを
顧客創造のチャンスへ変えよう！

⬛▶ 変えるのは会議のやり方ではなく「頭の使い方」

　いろいろな会議本を開いてみると「資料はA4用紙1枚にまとめる」や「会議時間は15分刻みで1時間以内」など、会議のやり方を工夫することがメインに書かれています。これらは会議時間の短

縮や効率化にはなりますが、顧客の創造には繋がりません。

　顧客を創造するには、会議のルール化ではなく私たち自身の思考やコミュニケーション、会議の使い方を変える必要があり、これらは全て「頭の使い方」と密接に関係します。具体的には、

- ●「組織中心の思考」から「顧客中心の思考」
- ●「答えを探す話し合い」から「実現イメージを創造するディスカッション」
- ●「社内調整型の会議推進」から「目標実現型の会議推進」

　へ変えていくことになりますが、前者は全てルーティンワークにおける考え方や会議の形であり、別の言い方をすれば顧客の創造は「ルーティンワークからの脱却」がテーマでもあります。

　多くの企業では、組織が事業を安定して回せるように、思考やコ

顧 客 を 創 造 す る 会 議 と は

ルーティンワークの働き方	顧客創造の働き方
組織中心の思考	顧客中心の思考
上司が求める答えを探す話し合い	実現イメージを創造するディスカッション
社内調整型の会議推進	目標実現型の会議推進

ひと言で言えば、「ルーティンワークからの脱却」

ミュニケーション、会議を社内最適化してきました。それは内向き
の効率化・最適化です。しかし、顧客の創造ではそれらを全て顧客
に向けることが求められます。ルーティンワークに慣れてしまった
組織ほど、強い意志を持ち変革していかなくてはなりません。

▶「顧客を創造する会議」は経営のブルーオーシャン

　私は、多くの企業の会議を見てきましたが、**顧客を創造する会議
を行っている企業は全体の1割にも満たない**印象を持っています。
　一方で、アイリスオーヤマや小林製薬、良品計画、星野リゾート
といった企業は会社全体で顧客を創造する会議に力を入れており、
面白い商品や事業が生まれ業績も安定しています。

　顧客を創造する会議がしっかりできている企業は非常に少ないこ
と、また取り組んでいる企業は業績が安定していることから、私は
ここに**経営のブルーオーシャン**があると考えています。
　しかも、大きな投資は必要なく社員の頭と会議のやり方を変える
だけです。**いったん組織に定着してしまえば、継続的に顧客の創造
が起こり企業の業績は安定します**。
　もっと言うならば、組織のモチベーションは上がり、企業のブラ
ンド向上にも繋がります。そして従業員の採用にも影響します。
　このような顧客を創造する会議ができる会社にしたければ、一刻
も早く取り組んでいただきたいと私は考えています。
　なぜなら私の経験では、組織が完全に会議を使いこなすには3年
はかかるからです。とはいえ「3年も待てない」といった声も聞こ
えてきそうです。でも安心してください。実際に顧客創造をテーマ

に取り組んでいけば半年で変化は表れます。例えば、

● 「そんなことできない」と言っていた人が「顧客が喜ぶことを実現しよう」と言い出す

● 本音を言わなかった人が「顧客のためにこうしてはどうだろう」と提案し出す

● 非協力的だった部署が「顧客にとっての価値を話し合おう」と連携が起こり始める

こんな変化の連鎖が確実に表れ始めるのです。こうして組織の思考と行動の変化を起こして加速していくことが、これからの経営の重要な仕事の一つになることは間違いありません。

顧客を創造する会議のメリット

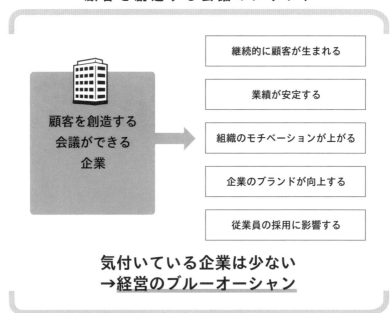

顧客を創造する会議ができる企業

継続的に顧客が生まれる

業績が安定する

組織のモチベーションが上がる

企業のブランドが向上する

従業員の採用に影響する

気付いている企業は少ない
→経営のブルーオーシャン

▣▶ メンバーの頭脳を動かし行動を加速する「会議の強化書」

　私たち人間は、イメージできないものは絶対に実現できません。スポーツ選手がイメージトレーニングを行う理由もそこにあります。顧客の創造も同様に、顧客や提供する価値、実現すべき目標を具体的にイメージできなければ実現することはありません。

　これらを一人で考え実行するには限界があります。

　そこで、いろいろな人の頭脳を借りることになるわけですが、それには先ほどお伝えした、

①顧客を創造する適切な「頭の使い方」

②実現するイメージを創造する「ディスカッションのやり方」

③目標を実現するための「会議の進め方」

　を理解していることが必須です。

　顧客を創造する組織にするには、もちろん個人の努力も大切ですが、それ以上に組織に成果を上げさせる役割である経営層やマネジャーが①～③をうまく操り、社員の「脳力」を高め行動を加速させていくことがポイントです。

　それができるようになれば、スタープレイヤーやトップクリエイターなんて必要ありません。

　今いるメンバーで充分新しい価値、新たな顧客を生み出すことはできます。

　本書は、私がこれまで会議再生屋として100社以上の企業で会議

を再生し、新商品や新事業を生み出した経験を体系化した

人の頭を強く動かし、

何にも負けない、どこよりも強い、

「新しい価値」を創造する組織マネジメントの方法

を解説していきます。

会議を正しく使う人の輪が広がれば、企業は必ず変わります。

本書を通して顧客を創造し、適正な儲けを得て、従業員が成長を続けられる企業が日本に増えることを願っています。

人の思考と行動が変わる時間と労力を、本書が少しでも肩代わりできれば幸いです。

会 議 の 強 化 書 の 目 的

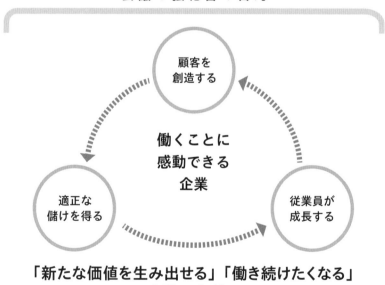

顧客を
創造する

働くことに
感動できる
企業

適正な
儲けを得る

従業員が
成長する

「新たな価値を生み出せる」「働き続けたくなる」
企業の実現

会議の強化書

CONTENTS

プロローグ

なぜ今、会議の強化が必要なのか？

第1章
メンバーの頭を 武器に変える 「思考のフレームワーク」

第2章
メンバーの頭を強く動かす「ディスカッションの型」

COLUMN
....

やってはいけない！　ディスカッションの注意点　108

第3章
顧客を創造する会議
（方針・企画編）

第5章

会社の会議を再生するために知っておくべきこと

COLUMN

**プロジェクトをストップさせる
社内の面倒な人の扱い方**　209

本文デザイン・図版作成・DTP／辻井 知（SOMEHOW）

第 **1** 章

メンバーの頭を武器に変える
「思考のフレームワーク」

「売れる商品」と「売れない商品」の違い

▶ 顧客不在の会議が企業をダメにする

　私はこれまで様々な企業の会議に参加してきました。その中で、「社長が暴走し言うことを聞いてくれない」と愚痴をこぼす役員、「従業員からアイデアが出ず、私の思いつきを話すとそれで決まってしまうので迂闊に話せません」と嘆く社長、「他部署と協力して進めようとしても揉めてしまう」と不平を漏らす従業員——、

　などなど会議に頭を悩ます数多くの人と接してきました。

「会議とは顧客を創造するために行われるものである」という考えを持つ私からすると、どうしてこのようなことが起こるのか不思議でなりませんでしたが、ある時これらの企業の共通点に気が付きました。

　それは、**会議に参加するメンバーの頭から「顧客」がすっぽり抜け落ちている**ということです。

　顧客不在の会議では、誰かの言うことに従わなければ物事は先へ進みません。ですから、社内の権力者が欲しいと思うものを見つけようとする「答え合わせ」や心情を察して推し進める「忖度」、周囲に配慮した「妥協」や実行者へ押し付ける「パワハラ」などが起こります。

▐▶買う・買わないを決めるのは誰か？

　私は、新卒で入社した広告会社で営業職となり、様々な企業から広告やブランディングの相談を受けていましたが、数多くの広告を手掛けていて、買われる商品と買われない商品には明確な違いがあることを発見しました。

　それは、次の3つの質問に明確に答えている商品か、そうでないかです。

- ●顧客は誰か？
- ●提供価値は何か？
- ●実現する世界観は何か？

　私が多くの会議に参加してきた中で感じるのは、「自分たちが

作ったものは売れる」という前提に立ち、商品や事業を考えようとする企業が多いということです。

　しかし、**買うか買わないかを決めるのは「顧客」**です。

　その顧客が誰で、その顧客に提供する価値とは何かを考えずに作った商品は当然ですが買ってもらえません。

　また、その商品が目標とするところや取り組む意義が明確でなければ組織はうまく動きません。これは、商品というモノに限らず、サービスや体験にも当てはまります。

■▶頭脳を借りて顧客を創造する

　顧客イメージが具体的で、提供する価値と実現する世界観が明確になっている商品は、広告のメッセージも強くなり人に届きやすくなります。

　例えば、花王の「毛穴すっきりパック」は、「鼻の毛穴の黒ずみを気にする人がパックで簡単に汚れを取り、綺麗な鼻を保てる」といった世界観を提供しています。また少し古い例ですが、ソニーの『ウォークマン』は「音楽好きな人がポケット大の機材を持って歩きながら音楽を楽しめる」世界観を作り出しました。このように、イメージが具体的であればあるほど顧客にもイメージは伝わります。

　逆に、こちらがいくら「この商品はすごいです！」と言っても、**利用後に起こる自分の変化や周囲からの反応をイメージできなければ人はその商品を手に取りません**。なかには興味本位で買う人はいるかもしれませんが、その商品にワクワクし、他の人に伝えるイメージを持てなければ世の中には絶対に広がりません。

　企業がSNS映えする商品を作ろうとする理由はそこにあります。これは、B to Cに限ったことではなくB to Bでも同じです。

　私たちは、具体的なイメージを伝えることを通じて新たな消費や行動をする顧客を創造します。そのイメージを作り出すために、企画や製造、営業、マーケティングなど、様々な人の頭の中にあるイメージを引き出し、重ね合わせながら、イメージの解像度を上げていきます。
　この第1章では、解像度を上げるための会議の使い方やディスカッションのやり方に入る前に、イメージを作り出す「自分の頭の使い方」と「他人の頭の借り方」について解説します。

顧客創造のカギは「ワクワクするイメージ」

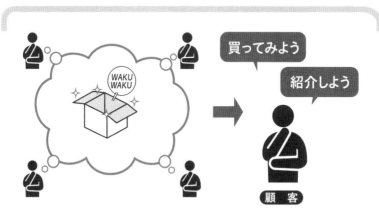

イメージの解像度を上げるために頭を使う

顧客の創造は「思いつき」から始める

■▶「やってみたいこと」を思いつく

「ああなれたらいいな」や「こうできるといいのに」と思っても、それを実現するまでには途方もない距離があります。多くの人は、「お金がない」や「協力してくれる人がいない」などと何かしらできない理由をつけて自身の思考に自ら蓋をしてしまいがちです。しかし、それはとても勿体ないことです。

　思いつくことは、生命体の中で唯一人間だけに与えられた特権で、それがあるから人は「やりがい」や「生きがい」といったものを感じることができます。**思いついては諦めることを続けていると負け癖がつき、「夢を持たないようにしよう」と人生の可能性を閉ざすことになります**。それでは、年齢を重ねてから「あの時、あれをしておけば良かった」と必ず後悔します。

　ですから、思いつくことができたのなら、それを諦めるのではなく、実現に向けて「こんな人に、こういうことをして、こんな世界を実現してはどうだろう」と、先ほどの3つの問いについて具体的なイメージを持ちましょう。

　私は、これまでの仕事経験で、日本企業から世界を感動させるような商品や事業を生み出したいと思い、「新しいことに挑戦しようとする企業に、顧客を創造する会議のノウハウや体験の提供を通じて、人が感動する面白い商品や事業を生み出す世界の実現」をイメージしました。それは、実現に向けた小さな一歩ですが、思考の

大きな一歩なのです。**ぼんやりとした思いつきから、具体的な映像として頭の中に浮かび上がる奇跡の瞬間**です。私たちはそれを「**ひらめき**」と呼びます。

　思いつきは、初めはとても平凡なものに見えるかもしれません。具体性が乏しく、実現性もわからず、大きな儲けになるかなんて知る由もありません。しかし、思いつけることは人間の思考の中でとても素晴らしいことであり、**顧客の創造の全ては思いつきから始まる**といっても過言ではありません。頭の中で生まれた思いつきは宝物です。優しく、丁寧に、大事に扱いましょう。

➡️「思いつき」の奥にある「想い」に気付く

　私は様々な企業で新商品や新規事業を手掛けてきましたが、その

経験から言えるのは、**市場分析やデータから顧客を見つけ出そうとすると確実に失敗する**、ということです。なぜなら、そこには「こうしたい」という強い想いがないからです。

　想いがないと、前に進めようとする推進力が弱くなり、周囲からの意見やプレッシャーにすぐに左右されます。そのような状態では、誰も経験したことのない商品や事業を世の中に送り出すことはできません。

　顧客の創造で最も重要なことが、**心の奥底にある「想い」に気付くこと**です。「想い」は「食で人を幸せにしたい」や「ITの力で社会の課題を解決したい」と大まかなことでも構いません。

　その「想い」に気付いたら、次にそう思う理由を掘り下げてください。それは、小さい頃のある出来事が基点になっているかもしれませんし、仕事の中での経験が影響しているのかもしれません。

　自分のアンテナが響くところ、心の感度が動く場所を見つけることができたなら、それが、あなたの顧客の創造の原点になります。

　私が、企業の会議を再生することから新しい商品や事業を生み出す仕事をするようになった原点は、広告会社で頭の中から価値を創り出す会議をした経験、そしてコンサルティング会社で企業再生のど真ん中で働いた経験が強く影響しています。

　企業再生の現場こそ、顧客創造に取り組まなければ先はないにもかかわらず、組織は今していることを優先し、守ろうとします。私はある企業で頭をクリエイティブに使う会議のやり方を持ち込み、経営層と従業員の頭の使い方に変化を起こし、お互いに協力を引き出しながら顧客創造を推進しました。

　再生した企業を卒業する時、「あなたのような人は今まで当社にいなかった」と言われ、みんなで私を胴上げしてくれたことは今でもはっきりと憶えています。

　その時、「会議を変えることから、組織を元気にして事業を伸ばしたい」と強く思い、現在は中堅・中小企業を中心に顧客の創造に取り組み、10年以上仕事を続けています。

頭の中のイメージをはき出す

枝・葉　顧客、提供価値、実現する世界観を具体化する

幹　やってみたいことを思いつく

根っこ　思いつきの元の想いに気づく

**この3つを行き来しながら
全体のイメージを膨らませよう**

03

顧客目線から「思いつき」の解像度を上げる

▶「思いつき」が「思い込み」でないかをチェック

「思いつき」には想いと一緒に「思い込み」が少なからず存在します。

思い込みとは自分に都合のいい思考で、例えば「この商品は良いものだから買ってもらえるはずだ」と顧客のことを考えず自分を肯定してしまう発想です。

この思い込みに気付かず突っ走ると「買ってもらえるはず、売上はこれくらい行くはず、次にこんな商品を出せるはず……」と顧客不在の発想に陥ります。

そうならないよう、顧客視点から思いつきをチェックすることで、「これが提供価値だと思ったけれど、違うかもしれない」や「このような世界観を実現したいと思ったけれど、顧客からするとこういう世界のほうが嬉しいかもしれない」と思い込みに気付き、書き換えられるようになります。

ソニーの盛田昭夫は、『ウォークマン』の開発担当者が箱型の試作機を持ってきた時、「胸ポケットに入るまで小さくしてほしい。でないと音楽を持ち歩けないじゃないか」と言い、これ以上小さくできないと考えていた開発担当者の思い込みの枠を外しました。

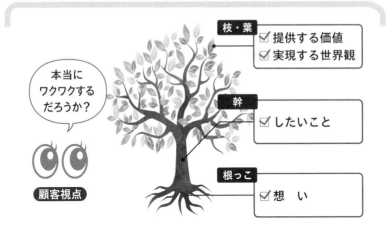

顧客視点から「思いつき」をチェックする

枝・葉
☑ 提供する価値
☑ 実現する世界観

幹
☑ したいこと

根っこ
☑ 想 い

本当に
ワクワクする
だろうか？

顧客視点

思い込みに気付いたら書き換えよう！

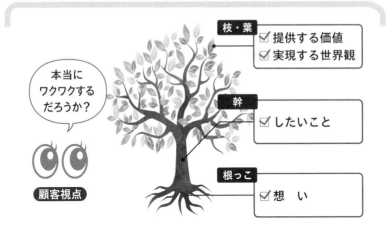

■▶顧客の視点を一つに絞る

　顧客のイメージがぼんやりしている、または発散していると、顧客視点から「思いつき」をチェックすることは難しくなります。これらのケースの対処方法にも触れておきましょう。

パターン1 顧客イメージがぼんやりしている

　ルーティンワーク中心の人に陥りがちなパターンですが、普段顧客をそこまで強く意識しておらず、急に「あなたが創造したい顧客は誰でしょう？」と聞かれると「うーん」と悩んでしまいます。そのような場合には、**イメージしやすい顧客から発想する**といいでしょう。例えば、いつも買ってくれている顧客（既存顧客）と提供している商品（既存商品）から、「評価されているところはどこか？」を考えます。

それは、商品自体やブランド、顧客対応や流通網など様々ですが、**評価されている点＝自社の強みを見つけ出し、「その強みを買ってくれる新しい顧客は誰か？」や「既存顧客の中で新しい価値を求めている人は誰か？」と創造する顧客のイメージを膨らませます。**

　強みがユニークなものであれば新しい顧客を創造する可能性はありますが、他社も提供しているようなものであれば、既存顧客の中で新しい価値を求めている人にフォーカスしたほうがベターです。このように、今の顧客と商品をヒントに、創造する顧客の方向性とそのイメージを固めていきます。

顧客イメージがぼんやりしている人へのアドバイス

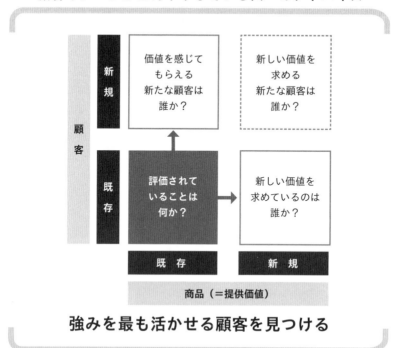

強みを最も活かせる顧客を見つける

[パターン2] 顧客イメージが発散する

　創業者やアイデアパーソンに見られる、「あの顧客もこの顧客もありそう」と、顧客イメージが一つに定まらないケースです。発想できることは素晴らしいことなのですが、**思いつきの解像度を上げる際には、顧客の視点を一つに絞り込まなければなりません。**

　顧客を絞るには、優先度と重要度で顧客を整理するやり方があります。**複数の顧客に対して、「最優先すべき顧客は誰か？」と「最も重要な顧客は誰か？」という2つの質問を投げかけて顧客を絞り込みます。**優先度は、例えば顧客が求めるスピード感や困っている度合いといった顧客ニーズで判断し、重要度は、顧客の市場規模や顧客単価といった収益性に関わる尺度で判断します。

顧客イメージが発散している人へのアドバイス

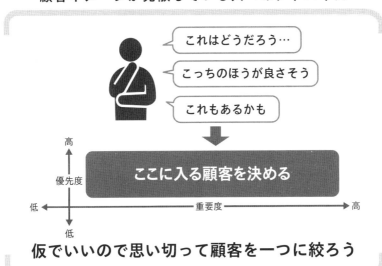

これはどうだろう…

こっちのほうが良さそう

これもあるかも

ここに入る顧客を決める

優先度　高　低

重要度　低　高

仮でいいので思い切って顧客を一つに絞ろう

04

人の頭を借りて
思考をストレッチする

■▶「ありきたり」にも「夢物語」にもしない

　私が広告会社に入社したての頃、当時の営業部長から「クライアントから予算100万円の商品プロモーションを提案してくれと言われているが、やってみるか？」と言われ、数日徹夜してキッチリ100万円に収まる企画書をまとめ部長へ持って行ったところ、目の前で企画書を破られてしまいました。

　徹夜で作った企画書を熟読せず破かれたことに私は腹が立ち、部長に食ってかかって理由を聞いたところ、「新人の頃から、こんなこじんまりした企画書は書くな！　100万円の仕事だが、10倍くらい夢のある企画書を書け」と言われました。

　顧客を定めて良い思いつきが生まれても、現実を考え始めると発想は広がらず、ありきたりなものになりがちです。また、会議の場で話された思いつきが、
「それは現実的じゃない」
「それでどのくらいの売上になるのか」
　という意見に潰されてしまう光景も目にします。

　私たちが顧客創造の会議でやるべきは、せっかく生まれた「思いつき」を「ありきたり」なもので終わらせず、逆にできもしないアイデアを上塗りし「夢物語」にすることでもありません。

思いつきをストレッチする

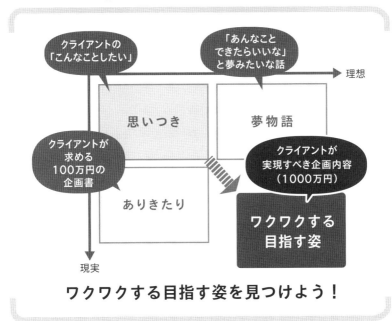

クライアントの
「こんなことしたい」

「あんなこと
できたらいいな」
と夢みたいな話

理想

思いつき

夢物語

クライアントが
求める
100万円の
企画書

クライアントが
実現すべき企画内容
（1000万円）

ありきたり

ワクワクする
目指す姿

現実

ワクワクする目指す姿を見つけよう！

「これは絶対に実現したい！」と気持ちがワクワクするような「目
指す姿」のイメージを膨らませることです。

　私は1000万円の企画イメージを膨らませ、後日部長にぶつけた
ところ様々なアイデアをもらい、「これは顧客に絶対提案したい」
と思える企画書に仕上げることができました。
　そして、100万円分の企画内容に加えて500万円のB案、1000万
円のC案をオプションとしてクライアントに提案しました。
　クライアントは、初めは提示した金額に驚いていましたが、「予
算を追加してもここまでやるべきだと思いました」と言われ、結局
500万円のB案を実施することになりました。

■▶ お互いの思考をストレッチする

　私の新人時代の話のように、一人で考えていると思考が縮こまっ
てしまい一人で考える以上のものは出てきません。それを、上司で
ある部長の頭脳を借りることで自分自身の思考をストレッチし、一
人で考える限界を突破することができました。

　新商品や新事業で新しい顧客を創造する時も同様です。各社が開
発競争に鎬を削っていることに加え、テクノロジーは日々進歩し、
マーケティングやプロモーションの手法も多種多様、さらには
SDGsなどの新しい考え方も取り込んでいかなければならない今の
時代に、全て一人で考え出すことはほぼ不可能です。

　人の頭脳を借りながら、意図的に思考をストレッチさせて「こう
いう顧客に、この価値を提供し、こんな世界観を実現したい！」と
心の底から思える目指す姿をイメージします。お互いに「本当にそ
れは面白いだろうか」と何度も問うことで、一人で考える限界を突
破し、これまで見ることのなかった新たな景色を描き出すのです。

　この思考のストレッチは頭脳を貸す側にもメリットがあります。
それは考えることで眠っていた知識や経験が引き出されるというこ
とです。人に教えると勉強になると言いますが、これは教える側に
も新たな気付きをもたらすからです。

　このように、お互いに思考をストレッチしながら解像度を上げて
いくことによって、思いつきからワクワクする目指す姿を生み出し
ます。それには、自分の頭の使い方や相手の頭の動かし方を理解し
ていることが必要です。

　また、**思考をやり取りするツールとしてのディスカッション、そ**
れを行う場である会議を使いこなせるようになると、より質の高い
思考のストレッチができるようになります。

思いつきをストレッチする

考えをより面白くすることを
意識して頭を動かそう

会議に必要な３つの頭
「理想」「現実」「推進」

⬛▶「3つの頭」を使い分ける

　ある建築会社の社長から新規事業の相談を受けた時のことです。事業のイメージをまとめた資料を見せてもらいましたが、他社で既に行われているようなもので、アクションプランも曖昧でした。彼は、これからどうしていけばいいのか途方に暮れていました。

　私たちは日々考えて生きているものの、「考える＝思考する」という行為そのものについて深く考えをめぐらすことは少ないです。ただ、顧客創造を考える時は、「理想」と「現実」、そして「推進」という3つの「考える頭」を使い分ける必要があります。

　理想とは、「このような状況にある人に、このような価値を提供し、より幸せな、より感動する世界を想像する」ことであり、そこでの「考える」は現実解を無視して、より面白く振り切ってイメージを膨らませることです。ドラえもんの歌にある「こんなこといいな、できたらいいな」の世界で、子ども心とも言い換えられるかもしれません。

　現実とは、「その理想を実現するための具体的な方法や手段をイメージする」ことで、そこでの「考える」は理想に近づくための新たな技術ややり方を発想することです。私たちはそれができるよう

に、日々訓練や新しい知識のインプットをします。

　この理想と現実を「考える」ことは、常にぶつかり合い、結論が出ずに停滞する、もしくは現実を考えるほうに引っ張られます。会議で「そんなことできるわけがない」「そんなことをする時間とお金がない」と言われ、初めは面白かったことがどんどんありきたりなものに変わっていく現場を、私は数多く見てきました。

　そこで、必要なのが推進という視点です。

　推進とは、「理想へ近づきたいけれど、現実的に最大限できることを踏まえて段階的に、もしくは多少理想を変更しベストな方向を見つけ出す」ことで、そこでの「考える」は次に考えるべきことを具体的に示すことです。

　理想と現実の狭間に立ちながら、理想がより面白くなるように思考をストレッチし、今ある現実的な答えに引っ張られず、顧客がワクワクする世界を実現することを目指していきます。

▪▶ 会議では頭を動かす

　理想と現実、そして推進。これらの役割を一人でやろうとしてもうまくはいきません。

　自動車、衣料品、食品、エンタメ、IT等、様々な顧客創造のジャンルがあります。

　大事なことは、その業界業種ごとに適した頭脳を担える人が集い、考えることを分担しながら顧客を創造していくことです。

　適当に人を集めても答えは出せません。

会議で「進行役」「書記役」など、作業の役割分担をしている会社を見かけますが、**顧客を創造する会議では、考えること（頭）の役割を下図のように「理想」「現実」「推進」の３つに分け、アウトプットを作り出すことに重きを置いて進めていきます。**

　では、次からはどう役割分担していくのか、その具体的な方法を見ていくことにしましょう。

３つの頭を使い分け目指す姿を描く

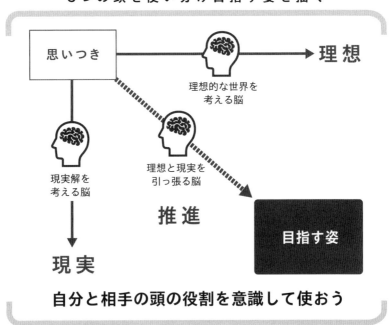

思いつき

理想的な世界を
考える脳

理想

現実解を
考える脳

理想と現実を
引っ張る脳

推進

目指す姿

現実

自分と相手の頭の役割を意識して使おう

思考の役割分担①：理想脳
実現すべき世界を追求する

■→ 理想の世界を追求する理想脳

　企業で理想脳を担う人は、中小企業であれば社長や次世代リーダー、中堅〜大手では執行役員や事業部長、部門リーダーといった方々になります。

　私は様々な理想脳を担うべき人と仕事をしてきましたが、現実に引っ張られ思い切ってジャンプできない人が少なくありません。

　それもそのはずで、「こんなことをしたい」と思っても、任せられる人がいない、自分に時間の余裕がない、一人では難しいといったことを考え始めてしまうと、つい現実的にできそうなことを考えてしまうのです。

　しかし、それでは現状からは何も変わらず、これまでの繰り返しになってしまいます。

　理想脳は、いったん現実的なことから離れて、「本当に自分が実現すべき世界は何だろうか？」を突き詰めて考えることが主な役割です。

「こんなことが実現できれば、こういう人が感動し、会社も儲かりそうだ。そして、一緒に働く従業員や仲間が楽しみながらやりがいを感じて仕事をしてくれそうだ。これは社会にとって意義のあることだから、なんとしても実現したい！」と思えるところまで、理想のイメージを膨らませていきます。

そして、実行と学習を繰り返しながら手ごたえをつかみ、理想とするイメージの解像度を高めていくのです。

　理想を考えるのはとても大変なことですが、それが実現した時の喜びは生み出す時の苦しみをすっかり忘れさせるほどの感動をもたらします。

　何にも代えがたいもの、プライスレスな価値です。そこに、人は生きがいとやりがいを見出します。創業者がなかなか会社を引退できない理由もそこにあります。

　決して会社にしがみついていたいわけではなく、自分の存在意義を感じるから引退できないのです。

▶ 口先だけの理想は不要

　一方で、現実を全く無視して理想ばかり掲げるのはよろしくありません。私が広告会社から次に転職したベンチャー企業の社長はそのような人でした。

　その社長は理想のイメージはなく、ただ「もっと顧客を取れないのか？」「ヒット商品を開発せよ」と現実の伴わない口先ばかりの理想を周囲に伝えていました。

　入社して初めの頃は「面白いことをいう社長だ」「元気でアグレッシブだ」と思いましたが、ただ思いついたことや気になることだけを言って「もっとこうしたい」「ああして欲しい」と自己中心的な人だとわかってくると、徐々に気持ちが離れていきました。

　この人の下で仕事をしていても世界が変わるような仕事はできず、自分の成長も見込めないと感じたからです。

　当時は私が若かったこともあり、その社長には本気でぶつかりましたが変わらず、最後に私は「口先だけの理想なら掲げないほうがいいです」と言って、会社を去りました。

　現在、様々な企業の方とお話をしますが、社内に口先だけの理想を掲げる「エセ理想脳」がかなりの割合でいます。
　そういう社長やリーダーと仕事をしている人は、振り回され疲弊しています。本書を読まれた方は、「エセ理想脳」ではなく大義を掲げて堂々と理想の世界の追求に情熱を傾ける「理想脳」となっていただきたいと思います。

理 想 脳 の 役 割

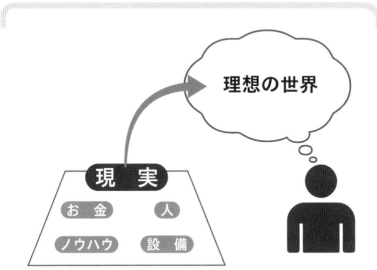

理想の世界

現　実

お　金　　人

ノウハウ　設　備

現実からいったん離れて理想の世界を考えよう

思考の役割分担②：現実脳
理想を「カタチ」にする

■▶学習こそがモチベーションになる現実脳

　現実脳を担う人は、社内では「企画担当」「営業担当」という肩書を持つ従業員であることが多く、社外では実務を担う士業（弁護士や税理士など）やクリエイターといった職種の方になります。**理想脳が考える世界を、これまで磨いたスキルや知識を駆使して実現する役割**です。

　こちらも理想脳と同じく、思考のストレッチができず「その実現は難しい」や「今の仕事をするので手一杯」とあまりに現実を見すぎてチャレンジできない人が少なくありません。
　理想脳からすると、そういう現実脳を見て「やる気がない」と感じ、現実脳は理想脳に対し「無理なことばかり押し付けてくる」と反発します。このような頭の使い方では、いつまでたっても新しい価値を生み出すことはできません。

　理想のイメージに共感できたのであれば、それを全力で現実のものにしていきます。
　それは、決して簡単なことではありません。
「本当にこれで顧客は感動するのだろうか？」
「手に取ってもらえるのだろうか？」
「これで世界を変えられるのだろうか？」

　と自問自答しながら、実際に作っては壊し、試しては変えての試行錯誤を重ねて初めて答えが見えてくるものです。

　現実脳は、知らなかったことがわかるようになる、できなかったことができるようになることに喜びを感じます。この学習が現実脳のモチベーションになります。私はそうやって努力を積み重ね、現在活躍する尊敬できるエキスパートを何人も知っています。

　そのような人に、管理職をやらせたり、無理やり理想脳をやらせたりすることは適切ではありません。また、意味のないことを考えさせ、つまらない作業を強要してもいけません。
　現実脳を担う人には、**新たな理想の実現にチャレンジする機会を提供し、頭の中のイメージを引き出し、学習を促すことが大事**です。現実脳は、心から共感できる理想の世界の実現のために、新しい知識や技術の創造に挑戦すべきなのです。
　そうすれば、必ず新しい世界が見えてきます。

▐▶ 理想脳に従う必要はない

　理想脳のイメージを具体的にしていく過程で、「イメージを変更したほうが良さそうだ」「こちらのほうがどうも良さそうだ」となることが多々あります。

　ある有名なウェブ制作会社の社長は「クライアントが作りたいと思うサイトと、ユーザー視点で価値を感じるサイトには必ずズレがあり、それを指摘してもわかってくれないクライアントとはいい仕

事ができない」と話していました。

　理想のイメージに共感していない状態では、現実脳は十分にその能力を発揮できません。

　現実脳が能力を解放するには、理想脳のイメージを変える提案を行うことも必要になります。

　ただし、その時に「ここは違う」「こう変えるべきだ」とダメ出しやあるべき論を掲げても理想脳は目指すべき姿がイメージできず、その提案を受け入れることは難しいでしょう。

　理想脳のイメージを変えるには、例えば、
「ウェブサイトのトップではこういうメッセージを考えられていますが、顧客視点から考えるとこちらのメッセージのほうが伝わりやすいように思います。どうでしょう？」
　と、現状がよりよくなるようなイメージを伝えることです。

　理想脳は、社長やリーダーなど社内的ポジションが上の人が担うことが多いですが、**現実脳を担う人は、顧客を創造する時にはポジションや肩書を超えて、理想脳と対になるパートナーとして機能しましょう。**
　理想脳に忖度する必要は全くありません。

現実脳の役割

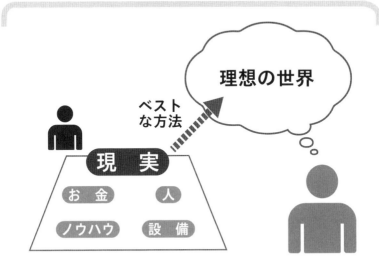

ベストな方法

理想の世界

現実

お金　　人

ノウハウ　設備

理想の世界を実現する
新しい知識や技能を考え出そう

思考の役割分担③：推進脳
イメージを膨らませ
アウトプットさせる

▶ 思考の質を高めるのが推進脳

　推進脳を担う人は、経営企画担当やプロジェクトマネジャーと呼ばれる人に相当します。推進脳の主な機能は、

> ①発想を振り切れない理想脳や現実脳のイメージを整理し、飛躍させる
> ②衝突しがちな理想脳と現実脳を調整し、イメージをすり合わせる
> ③何を作ればいいか悩む理想脳と現実脳のアウトプットイメージの解像度を上げる

であり、理想脳や現実脳のイメージを膨らませながらアウトプットを引き出すリード役です。

　コンサルティングやコーチング、ファシリテーションとも一部重なる部分があり、これらのスキルを身に付けた人が推進脳を担うのがいいのかもしれません。

　推進脳は、頭の中から価値を生み出せるようにするためにはどのように考え、どのようなものをアウトプットするといいのか相談に乗りながら理想脳と現実脳の解像度を上げていきます。**それぞれの脳を担う人の考え方を理解し、何をどのように伝えると相手の頭が**

どう動くのかを常に考えます。また、自分の頭の中にあるイメージを理想脳や現実脳へ提示しながら、相手の頭の中のイメージを引き出す、解像度を上げるといった高度なテクニックも使います。

推進脳がしっかりしていると、理想脳は思い切って発想を膨らませることができ、現実脳は実現上の課題を乗り越えることに集中できます。そうなることで、考えることが楽しくなり、仕事は面白くなります。さらには今までにないアウトプットができるようにもなり、そこからまた新しい気付きが生まれ、知らなかった自分の才能を発見し、自己成長をしていきます。

推進脳とは、いわば頭脳を動かす指揮者とも言えるでしょう。

■▶ よりよい会社を実現する

推進脳の成果は、優れた商品や事業を生み出し、新たな顧客の創造を実現し企業に売上利益をもたらすことです。そうすることで、組織は成長し、事業は持続可能となります。

つまり、組織に顧客の創造と収益を上げさせることが推進脳の成果です。経営学の神様と言われたピーター・F・ドラッカーは「組織に成果を上げさせる機能がマネジャーである」と言っています。理想脳や現実脳の頭を動かし新しい価値を創り出す推進脳こそ、マネジャーが持つべき必須スキルだと言えます。

まだ多くの日本企業では、マネジャーや管理職＝部下の仕事や時間を管理する人という風潮が強いですが、これはルーティンワークを主体とする働き方を前提としています。

顧客を創造する働き方では、組織の頭脳を動かし新しい価値を創り出せる人がマネジャーであり管理職であるべきです。現状、後者における真のマネジャーはまだまだ少ないですが、これから様々な企業で必要とされることは間違いありません。現に推進脳として、様々な企業で仕事をしている私が実感しています。

　従業員の発想や経験、やる気を最大限に引き出し、顧客が感動する、他社にはない商品や事業を創り出し、業績が安定するよりよい会社を実現していきましょう。

推 進 脳 の 役 割

イメージを膨らませる／すり合わせる／アウトプットを引き出す

推　進

ベストな
方法

理想の世界

現　実

お　金　　　　人

ノウハウ　　設　備

**組織の頭脳を動かし、
優れた商品や事業を生み出そう**

思考のキャッチボールを するための6つのスキル

　会議では、お互いの頭の中にあるイメージをやり取りしながら新しいイメージを作り上げていくわけですが、そのやり取りを円滑にするには相手のイメージを正しく理解する「頭の使い方」を知っておく必要があります。

　その代表例は次の6つです。それではさっそく紹介していきましょう。

➡①思考を「翻訳」する

　聞きかじったことのある言葉や馴染みのない概念に遭遇すると、誤ったイメージを持つことやイメージが湧かないことがあります。特にカタカナ英語や四字熟語が頭に入ってきた時には要注意です。そのような時に、<u>正しくイメージするためのテクニックが「翻訳」</u>です。

　例えば、

```
「ドラフト」          →「素案」
「エグゼキューション」 →「実行」
「PDCA」              →「計画・実行・検証・改善」
```

のように自分がイメージできる言葉に置き換える「置き換え法」や

「コンセプト」	→	「一番大事にしている考え」
「DX」	→	「いろいろなものをデジタルに置き換え、積極的に活用すること」
「SDGs」	→	「持続的な社会の実現のために取り組むべきこと」

とイメージできる表現に書き換える「書き換え法」があります。

DXやSDGsのように、企業活動の前提となる新たな概念が世界中で生まれていて、イメージを持ちながら仕事をすることがこれからますます求められます。

イメージしづらい言葉や表現に出会ったら、この「置き換え法」や「書き換え法」を使って、自分がイメージできるものへ変換するようにしましょう。

思 考 の 翻 訳

理解しやすい表現で
正しいイメージを持つようにする

➡▶ ②思考を「分解」する

　人は相手に「しっかり伝えなければ」「理解してもらわなくては」と思えば思うほど、様々な種類の情報を一気に伝えようとします。そのような場合に、受け手の頭が混乱しないようにするためのテクニックが「分解」です。

　例えば、
「新しい商品の企画を考えていて、価格は300円くらいで、AとBとCの機能がついて、販売は主にネットを考えています。顧客は20代〜40代の女性が中心で、来年の春頃に発売したいと考えています」
という情報が頭に入ってきたとします。これを分解すると、

内　　容	→	新商品企画
価　　格	→	300円
機　　能	→	A，B，C
売　　場	→	ネット
顧　　客	→	20代〜40代女性
発売時期	→	来年春

となります。
　こうすると、それぞれの要素について分けてイメージを持つことができます。
　また、「この商品を作る理由は何だろう」と抜けている要素に気付くこともできます。

そして、それぞれの要素のイメージを統合して、「たぶん、こんな商品だろう」と相手の頭の中のイメージをつかみます。

　ここでは簡単な例を挙げましたが、実際の会議ではこの何倍もの情報がくっついてきますので、分解せず頭の中に入れると間違いなく混乱します。相手の話を聞いていてわからなくなってしまう人は、入ってくる情報を頭の中で分解してみましょう。

思 考 の 分 解

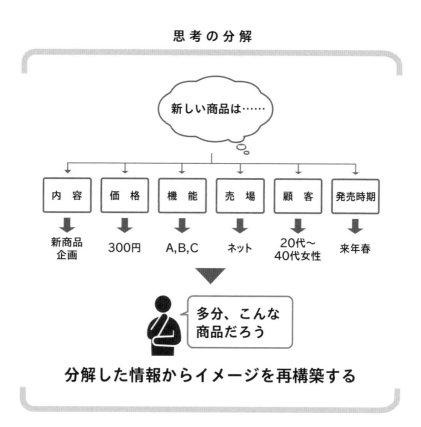

分解した情報からイメージを再構築する

➡③思考を「具体化」する

　内容を簡潔に伝えようとすればするほど表現は抽象的になります。そして、頭の中で曖昧なままにしていると、話がかみ合わないことや、後になってイメージのズレが判明するといったことが起こります。そうならないよう、抽象的な表現を具体的なイメージへ変えるテクニックが「**具体化**」です。

　例えば、「営業を強化する」や「中長期で取り組む」と言われて、みなさんはイメージが湧くでしょうか？　私は、このような表現を会議で聞くと「営業強化って人を増やすこと？　それとも営業する先を増やすってこと？」や「中長期って3年？　5年？　10年？」と頭の中に疑問が浮かびます。

　これらを具体化するには、

「営業を強化する」	→	「営業を2名増やし、提案先をこれまでの3倍にする」
「中長期で取り組む」	→	「3年で新規事業を収益化し、5年で次の事業の柱にする」
「早くやらなければ」	→	「今月末を期限に、これとこれを1週間で終わらせる」

と、抽象的な表現を数字や具体的な内容へ落としていきます。

　他人事として聞いていると抽象的なままでもスルーしてしまいがちです。「**仮に、自分がそれをするならば**」と自分事として頭にインプットしようとすると具体化に向けて頭が動きます。相手の話を聞く時には、常に自分事としてインプットするようにしましょう。

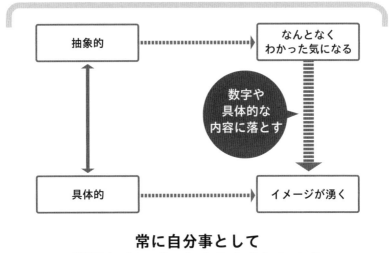

思考の具体化

抽象的 ┄┄┄▶ なんとなく
わかった気になる

数字や
具体的な
内容に落とす

具体的 ┄┄┄▶ イメージが湧く

**常に自分事として
情報をインプットするようにしよう**

⏩④思考を「並べ替え」る

　考えなければならないことがたくさんある時や、いろいろやらなければならないことがある時に、「あれもこれも」となることが多いものです。それをそのままにしていると、進めるイメージを持つことができません。それを解消するテクニックが「並べ替え」です。

　例えば、新商品企画担当の同僚から「新しい商品を半年で発売してくれと社長から言われ、時間がなくて結構焦っているんだ。まだ全然企画はイメージできていないし、たぶん3カ月はかかると思う。あと、誰をプロジェクトのメンバーにするか。できれば今週中には決めたいと思っている。営業やプロモーションも考えなくちゃ。やることが多くて困っているよ」と相談を受けたとします。

これを並べ替えのテクニックを使うと、

- ●半年後に商品を発売する
- ●最初の3カ月で商品の企画を固める
- ●残り3カ月で営業とプロモーションの内容を固める
- ●今週中にプロジェクトメンバーを選定して決める

となります。このように情報が分散し、入り組んでいるものを並べ替えて、自分がイメージできるように整えると、「まず、今週中にメンバーを決めることから始めなければ」と次のアクションへ移ることができます。並べ替えのテクニックは優先順位づけにもなるので、積極的に活用してください。

思考の並べ替え

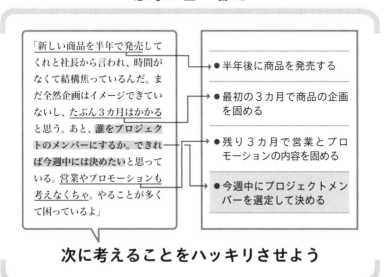

「新しい商品を半年で発売してくれと社長から言われ、時間がなくて結構焦っているんだ。まだ全然企画はイメージできていないし、たぶん3カ月はかかると思う。あと、誰をプロジェクトのメンバーにするか。できれば今週中には決めたいと思っている。営業やプロモーションも考えなくちゃ。やることが多くて困っているよ」

- ●半年後に商品を発売する
- ●最初の3カ月で商品の企画を固める
- ●残り3カ月で営業とプロモーションの内容を固める
- ●今週中にプロジェクトメンバーを選定して決める

次に考えることをハッキリさせよう

➡️⑤思考を「構造化」する

　家がモノで溢れると、何がどこにあるのかわからなくなります。それと同様に、種類の異なる複数の情報が入ってくると、だんだんと何がなんだかわからなくなります。

　そこで、時々情報を整理し、頭をスッキリとした状態に保っておくことで、次のインプットをしやすくします。

　そのためのテクニックが「**構造化**」です。

　例えば、

「今回は、こんな商品を出したいと考えています」

「であれば、SNSマーケティングに力を入れなければ」

「A社とB社へ提案してはどうだろう」

　という話を聞いたとします。

　これを構造化のテクニックを使い、

● こんな商品　→　商品企画

● SNS　→　販促企画

● A社とB社へ提案　→　営業企画

と情報の種類を整えます。

　そして、これらの情報の繋がりに意識を集中し、「みんなは、商品、プロモーション、営業といった『バリューチェーン』（価値を創造するための主要な企業活動）について話しているな」と頭の中を整理しながら、「ここからの話は、バリューチェーンのどこに入るか意識しながら聞こう」や「今は話題に出ていないが、製造や

PRの話も出るかもしれない」と頭を働かせます。そうすると、その後の話を冷静に聞くことができます。

　構造化ができるようになるには、個々の情報にのめり込まず全体を俯瞰する視点を持つことです。

　自分に興味関心の高い情報が入ってくると、つい細かい点に意識が行きがちですが「これらの情報の後ろにはどのような繋がりがあるのだろうか」と考えるようにしましょう。

　くれぐれも、<u>構造化する＝似たような情報を集めてグルーピングすることではない</u>ことには注意してください。

思考の構造化

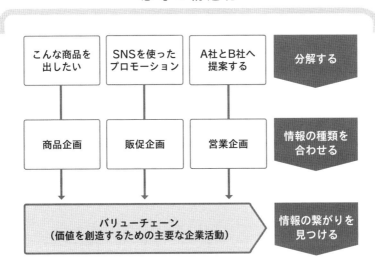

構造化を使って頭の中を整理しよう

⬛▶ ⑥思考を「要約」する

　様々な情報がインプットされ、並べ替えや構造化で整理すること
ができても、「結局、それらから頭に残しておくべきイメージ」を
抽出できなければ、相手のイメージを正しく理解したとは言えませ
ん。そのために必要となるのが、イメージをひと言にまとめるテク
ニックの「**要約**」です。

　例えば会議で、
「今日の商品企画会議で原価と製造方法についてはこれで決まりま
した」
「残る課題は自社の製造ラインで実現できるかどうかです」
「本当に大丈夫なのだろうか？」
「やってみないとわかりません」
「どのくらいで検証できそうなのか」
「2週間あれば大丈夫だと思います」
「なんとかできるように頑張ってください」
　という話を聞いたとします。

　これを要約すると、
「製造ラインの実現が商品決定のカギ」
　となります。
　他の情報は間引いてしまいましたが、その理由は「本当に大事な
ことは何か」をイメージするためです。いろいろな情報が頭の中に
あると注意が散漫になり本当に大事なことを見落としがちです。会
議の内容の全てをメモに取るのではなく、頭の中に大事なことを残

すクセをつけましょう。

　要約の注意点としては、字面をわかりやすくまとめることを要約だと考えている人が多いことです。

　そうではなく、要約とは本当に頭の中に残しておくべきイメージを絞り込むことです。

思考の要約

今日の商品企画
会議では……

| 全てメモを取る | 本当に大事なこと
だけ頭に残す |

大事なことをひと言で言えるようにしよう

組織の新陳代謝はリアルな顧客創造で起こる

　ある大手企業の新規事業企画を支援した時のことです。

　その企業は何度も新規事業に取り組んでいて、

「資料提出には、この用紙を使いなさい」

「月に１度の新規事業検討会議に参加しなさい」

「上司はメンターとしてチームをサポートすること」

　など細かくルール化されていました。

　プロジェクトチームはルールや上司への報告に翻弄され、肝心の事業の企画を考えることに集中できずにいました。

　そこで私は、「ルールも大事ですが、私たちが自信を持って取り組みたくなる企画を練り上げることに集中しましょう」と提案し、私が推進脳（推進役）となりプロジェクトリーダーには理想を、他のメンバーはシステムやプロモーション、営業面の現実を考える役として企画のイメージの解像度を高めていきました。

　企画が面白いものになるにつれ、周囲の反応は徐々に変わり、他部署からのアドバイスをはじめ、経営企画は特例で社内ルールを変え、上司は上層部へ話を通してくれるようになりました。

　プロジェクトチームは徐々に自信をつけ、休日を使うなどして取り組んでくれました。

　社長への事業企画発表会で無事に承認を得て、正式に会社の新規事業としてスタートしました。

　後日、新規事業のルールを運用する経営企画室長から「社内が一丸となって協力したプロジェクトは、これまでありませんでした。私は仕組化して運用すれば新規事業は生まれるものだと思っていましたが、プロジェクトを丁寧に扱うことがどれだけ大切か実感しました」と言われ、現在はルールを緩和し、各プロジェクトに推進役をつけて密にコミュニケーションを取りながら進めています。

　またその室長はこうも言いました。

　「顧客創造に真剣に取り組むことで組織は変わる」と。

　組織の意識や行動を変えようとする場合、その多くはルール化や組織体制の変更、研修等の施策が施されることになるわけですが、組織の「顧客創造体験」への投資をしていない企業が多いことに驚かされます。

　業績の停滞や悪化、もしくは大きなリスクが引き金となって組織変革の着手を考えますが、その本を正すと、顧客不在の会議が行われていることだったりします。

　多くの企業では今、日々のルーティンワークに追われ、組織内の至るところで軋轢（あつれき）が起こり、顧客が見えなくなっています。そのような状態で、ルール化や組織をいじったところで根本的な問題解決にはなりません。もし組織変革を考えるなら、まずはじめに自社の会議をチェックしてください。顧客不在のディスカッションが行われているようなら要注意です。

　また、企業の創業者が事業承継を考える時に直面する「どうすれ

ば組織から新しい事業が生まれるだろうか」という悩みについても同様です。

　新規事業提案制度を持つ企業もありますが、先の事例のように外形的な制度設計やルール化では本質的な顧客創造は起こりません。方針・企画・実行・検証・改善におけるメンバーの選定や思考の役割分担、ディスカッションと会議の使い分けをしながら、面白く、楽しく顧客創造の経験を積ませることへ投資すれば、事業成長と人材育成は実現します。その結果として、組織の新陳代謝が起こります。

　実際には２～３年はかかるため、事業承継を考え始めたら真っ先に次世代による顧客創造を検討してください。

第2章

メンバーの頭を強く動かす「ディスカッションの型」

ディスカッションは新しい
イメージを生むツール

話し合うことが会議の目的ではない

　ある自動車部品メーカーの経営企画室長と話していた時のことです。

　「社長から、会議の話し合いをもっと活発にしてもらいたいと言われ、参加者に発言を促すのですがなかなか意見が出ません。それを見かねた社長が発言すると、今度は全員社長の意見に引っ張られてしまいます。どうすればいいでしょうか」と相談を受けました。

　私は室長に「会議の最中に何を考えていますか」と尋ねました。すると室長は「参加者一人一人に発言させたり、紙に書かせたりしましたが、イマイチ効果がなく……」と答えました。

　私は「会議が終わる時に自分の頭の中にどんなイメージができているといいか、考えたことはありますか」と聞き返すと、何を言っているのかよくわからないという表情をしました。

　「会議では話し合うことが目的ではなく、思考のキャッチボールを通じて新しいイメージを作り出すことが目的です。アウトプットのイメージがないまま意見を求めても、相手の頭を動かすことはできません」と伝えました。すると室長は、「そうか、私は意見を引き出すことに気を取られ、どのようなイメージを作るか全く考えていませんでした」と答えました。

▪▶ ディスカッションでイメージを積み上げる

　ディスカッションとは、お互いのイメージをやり取りしながら新しいイメージを形成するための「コミュニケーションツール」です。
　しかし、**多くの人はディスカッションの進め方や意見の引き出し方、まとめ方に気を取られ、肝心のアウトプットを見落としがち**です。会議で意見は出るものの何も決まらないのは、アウトプットに注目していないことの表れです。

　では、ディスカッションによって新しいイメージを作るとは、一体どういうことなのでしょうか。例として、チョコレート商品を考えるディスカッションを見てみましょう。

開発担当：「健康志向の流れから、体にいいチョコレートを作ろう
　　　　　と考えています」
推進役：「それってどんなイメージですか？」
開発担当：「チョコレートを食べることで腸内環境の改善に繋がる
　　　　　ような」
推進役：「ヨーグルトやヤクルトみたいな？」
開発担当：「そうそう、チョコ＝太るという概念を変えたくて」
製造担当：「チョコに乳酸菌を混ぜ込む技術があります」
開発担当：「そんなことができるんですね！　ただ、滑らかな口ど
　　　　　けは残したくて」
製造担当：「チョコの粒子を細かくして、均一化すれば大丈夫だと
　　　　　思います」
推進役：「乳酸菌入りチョコ、面白いですね。誰が買いそうでしょ

うか？　子を持つ親？　高齢者？」

開発担当：「働く女性じゃないかと思っています。健康への意識が
　　高いですから」

マーケティング担当：「女性に興味を持ってもらうには、一瞬で想
　　像できるネーミングとデザインが大事です」

推進役：「ここまでの考えをまとめると、世の中の健康志向を背景
　　に、チョコ好きな働く女性の腸を元気にする、乳酸菌入り商品を
　　検討したい。

　　　チョコの美味しさと乳酸菌を両立することは技術的に可能。

　　　新しいカテゴリであるため、すぐにイメージが湧くネーミング
　　が重要になりそう。

　　　では、1週間後の同じ時間に、商品イメージを具体化するため
　　に、開発担当は商品イメージのたたき台を、製造担当は製造方法
　　を、マーケティング担当はネーミング案をそれぞれ持ち寄って解
　　像度を上げるディスカッションをしませんか」

このケースでは、推進役が、

①開発担当から商品イメージを引き出す
②開発担当の思考から抜けている顧客の要素を指摘する
③製造担当のアイデアから新しい商品イメージを作り出す
④マーケティング担当のアイデアも踏まえイメージを固める
⑤次に考えることと会議の日時を提案する
⑥各自考えてもらうことを具体的に指示する

とメンバーの思考をリードしています。

ディスカッションで「思考の化学反応」を起こす

CASE 02

不安だらけなのに「大丈夫です」と答えるリーダー

　あるメーカーの新規事業プロジェクトを支援した時のことです。プロジェクトリーダーは責任感が強く、優秀で忍耐強いのですが、物事を一人で抱えてしまう傾向がありました。このままだとリーダーのパフォーマンスに影響が出ることと、他のメンバーが育たないことを役員が懸念し、私にその調整を依頼しました。私は「リーダーにサポートが必要か、率直なところを聞きたい」と提案し、役員は後日3人で話をする機会を設けました。

　初めリーダーは「私一人で大丈夫です」と言いましたが、3つの頭を使い分ける話や推進役の機能を伝えたところ、「正直、メンバーとの距離を感じていて、自分だけが突っ走っていいのだろうか悩んでいました。結局、自分が指示しないとメンバーは動かず本当にプロジェクトは上手くいくのか不安があります」と話しました。

　そこで私は「推進役としてみなさんの思考をリードしていきますので安心してください。みなさんが考えてアウトプットすることに集中できるようサポートします」と伝えると、リーダーは「自分が最も苦手にしていることなので、ぜひお願いします」と答えほっとした表情を見せました。

▶ イメージを引き出し思考の化学反応を起こす

ものすごく考えている人と、あまり考えていない人とのイメージには歴然とした差があります。

また、商品のことを考える人と、営業のことを考える人の間にもイメージの違いが生まれます。この違いが実は新しい価値を生み出す時に重要なのです。

イメージの仕方が違えば、見るところや出てくるアイデアも違います。推進役はその違いをうまく利用し、人に考えさせて、質問で引き出し、アイデアを繋げて新しいアイデアを生み出すといった、いわば「思考の化学反応」を意図的に作り出します。

例えば、先のプロジェクトリーダーが考えたことに対して、メンバーへ「おかしいと思うところがあったら教えてください」や「リーダーの考えをより面白いものにするにはどうすればいいと思いますか」と違った視点から思考を眺めることや、「今の話からイメージしたことを聞かせてください」と、新しいイメージを引き出します。

また、リーダーに「今の意見を聞いてどう思います?」と伝え、新たな気付きやイメージを膨らませる手助けをします。

みなの頭の中にあるイメージを引き出し、混ぜ合わせながら、みながハッとする新しいイメージを生み出すためのツールがディスカッションです。化学の実験で、教科書を見ながら薬品(A)と薬品(B)を混ぜ合わせ新しい薬品(C)を作り出す過程によく似ています。

では次からは、思考の化学反応を起こす方法について解説してい
きましょう。

推進役が思考の化学反応を起こす

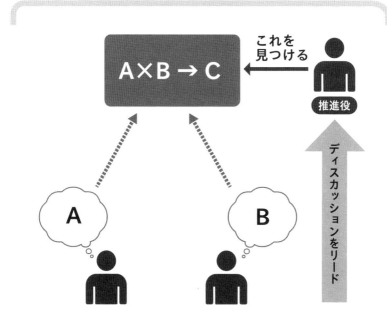

03
共有すべきは議事進行 ではなくゴールイメージ

CASE **03**

「今日こそ決める！」はずが……何も決まらない会議

あるシステム会社の新サービス企画のオンライン会議前日のことです。プロジェクトリーダーから夜分に「明日の朝は企画内容を決めたいので、事前に添付の資料を読み込んできてください」と書かれ、資料が添付されたメールが送られてきました。

また、アジェンダとして、

1. 企画内容の説明10分

2. 企画内容について議論40分

3. まとめ10分

と付記されていました。

私は違和感がありましたが、ここで返信すると混乱を招くと思い、そのまま翌朝の会議に参加しました。メンバーは資料を読み込んでおり、会議で活発に意見は交わされましたが、結局企画内容は決まりませんでした。

私はリーダーから「今日は決める気で会議に臨んだのですが、どうして決まらなかったのでしょうか」と聞かれ、「メールには決めたいと書かれていましたが、何を決めるのか全くイメージできませんでした。企画のここのイメージを固めたいから、誰に何を考えてきてほしいとアジェンダで依頼すべきでした」と伝えました。

➡️ 会議のゴールイメージを定める

　様々な会議本には、「会議をする前にアジェンダを共有しなさい」「会議の時間は1時間以内に」といったことが書かれていますが、重要なのはこのような外形的な決めごとではありません。

　会議で重要なのは、作り上げるイメージのゴールを定めてそこに到達するために考えるべきことと、役割を提示することです。

　これは受け手側に立って考えてみれば当たり前のことで、「会議で何を作るために、自分はどのような役割で何を考えておけばいいか」のイメージをつけられれば、会議でこちらが意図したことを考えてもらえるようになります。

　会議とは、芝居の舞台に似ているところがあります。

　芝居にはストーリーがあり、役者は割り振られた配役を演じます。そして、役者は芝居に入る前に、舞台全体を想像しながら自分が演じるイメージを膨らませます。これと同様に、会議には方針・企画といったストーリーがあり、メンバーは理想を考える役や現実解を考える役、推進役をそれぞれ意識し、「次の会議では、この点についてのイメージを固める」というゴールを認識しながら自分のアウトプットイメージを膨らませます。

　この考え方に従って先ほどのアジェンダを書き換えると、

● 明日は「商品の中身」と「ネーミング」を固める会議を行います。
● メールに添付した私の案をベースに、Aさんは中身について、Bさんはネーミングのアイデアを膨らませてもらえると助か

ります。

●進め方は、本案のイメージのすり合わせを5分、それぞれの
　イメージを固めるディスカッションを20分、次のアクション
　と宿題の確認を5分の計30分（最大1時間）を予定しています。

●ZoomのURLはこちらです。

　となります。このように書くと、例えばBさんは「明日は、商品
の中身とネーミングを決めるんだな。Aさんが中身を考えてくるの
なら、事前にお互いすり合わせた上でネーミング案を持って行こう。
そのほうが会議でスムーズに決まりそうだ」と頭が動きます。
　慣れてきたらメール等で事前にイメージをやり取りし、解像度を
上げて会議に臨めるようになると、ディスカッションの時間短縮や
次に考えるべきことを話し合えるようになります。

アジェンダの目的

議事進行 ✕

ゴールに向けて
頭を動かす ○

**ゴールイメージをすり合わせ、
考えることを依頼しよう**

ディスカッションの基本
素案から仮説を作り出す

CASE 04

ブレストばかりでアイデアがカタチにならない会議

　あるベンチャー企業で、従業員を集めて新しい事業のブレインストーミングをしていました。面白いアイデアは出てくるものの、それ以上のことが起こりませんでした。

「事業にするにはどうしたらいいだろうか」と社長から相談を受け、私は「アイデアをカタチにする会議をしてはどうでしょうか」と提案し、社長も賛同しました。私は、様々なアイデアの中から事業の成長に最も貢献しそうなものを一つピックアップし、アイデアを出した人と一緒に想いや目指す姿をまとめました。

　後日、社長から会議の趣旨を伝えてもらった後、まとめた考えを説明したところ、参加者から「顧客はこういう人のイメージですね」「実現にはこの取り組みが必要だと思います」「こういうアイデアを加えてはどうでしょう」と、私たちがまとめた考えとは異なる意見や、抜け落ちていた考え、面白いアイデアが出され、より解像度と納得度の高いイメージへと進化しました。

　それを見ていた社長は、「考える土台があるとディスカッションは活発になることに気が付きました」と嬉しそうに言いました。

▮▶ 素案を仮説に変える

　先ほど、ディスカッションとは頭の中のイメージを重ね合わせ新しいイメージを作るツールと言いましたが、それを実現するには基本の型があります。

> ①ディスカッションの基になるイメージ（素案）を共有する
> ②素案に対する違和感や解像度の低い部分をチェックする
> ③イメージを重ね合わせ解像度の高いイメージ（仮説）を作る

　①は、理想を考える役の仕事で、例えば商品企画であれば**「誰に、何を、どこで、いつ、どのように、いくらで」といった要素と、それに対する自分なりの理想の大まかなイメージをまとめたものを共有**します。

　素案段階では、イメージが緩く自信のない部分もありますが、現時点版と割り切って、気にせずメンバーと共有しましょう。気になる点や自信のない点があれば、理由付けして伝えるようにします。

　②は、推進役が中心となって、メンバー全員の視点を借りて、**イメージに対する違和感や解像度の低い部分、全体のストーリーの繋がりなどをチェック**します。その際、気になる箇所について自分なりのイメージを膨らませましょう。

　この点を意識しないと、単なる批判や、フワッとしたダメ出し、筋違いのアイデアを伝えてしまい、みんなの思考を混乱させてしまいます。ですので、推進役のような人が意識的に素案をチェックするようにしましょう。

③は、現実を考える役の仕事で、**自分の頭の中にあるイメージを出しながら、素案をより面白いもの、より解像度の高いイメージへ進化させます**。

このように、①〜③を通じて考えるべき全ての要素のイメージを確定したら、推進役は、自分なりのイメージを要約してメンバーへ伝えます。

推進役は、出てきたアイデアを素案に取り入みながら仮説へと仕上げるわけですが、先ほどもお伝えしたように単純にイメージのA＋BやA or Bではなく、A×B＝Cと新しいイメージを生み出すようにします。例えば、チョコ×乳酸菌＝腸内環境を整え健康を応援するチョコ、のようなイメージです。

ディスカッションの目的

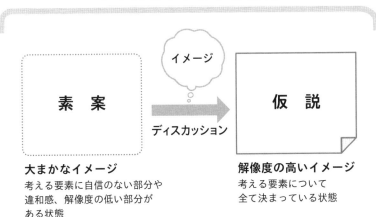

伝わる素案の作り方

社長の言うことがよくわからないまま
終わってしまう会議

あるオーナー企業の経営会議に初めて出席した時のことです。

創業者の社長は、話しながらいろいろとアイデアを思いついてしまう人で、「こんなことをしてはどうか」「こういう人が買うと思う」「こんな技術を使えないだろうか」と頭に浮かんだことを次から次へと話しました。私には、社長のアイデアが断片的で繋がりも見えないことから、思考の全体像をイメージできませんでした。一方、出席した役員や経営企画の人は、社長の話に時折頷きながら「それは面白いですね」と言い、「なるほど」と相槌を打っていました。私は「よく話の内容がわかるものだ」と感心していました。

会議終了後、役員の一人に「みなさんは社長の話をよく聞かれていましたが、私には全く理解ができず肩身の狭い思いでした」と伝えたところ、その役員は恥ずかしそうに「実は私にもよくわかりませんでした」と小声で言いました。

後日、社長秘書と話す機会があり経営会議の感想を伝えたところ、「社長はご自身の考えが周囲に理解されないことを悩んでおられるようです」とそっと私に話してくれました。

▐▶素案はストーリーでまとめる

　せっかく面白いことを思いついても、相手に理解されなければいいディスカッションにはなりません。

　自分のイメージを相手に理解してもらうためには、ストーリーとして相手の頭にインプットする必要があります。ここでは素案を整理する方法について解説します。

Step1：思いつきから必要な要素を洗い出す

Step2：各要素のイメージを膨らませる

Step3：相手がイメージできるように各要素を繋げてストーリーを構成する

　Step1は、例えばある商品を思いついたら、「売る要素」と「作る要素」に分けて、売る要素として「顧客」「提供価値」「価格」などを洗い出します。

　この時、要素を意識せず思うがままイメージを膨らませると、「こんな機能を付け加えたらどうだろう」や「開発資金をどうしよう」と売る要素以外のことまでいろいろ考え始め、収拾がつかなくなります。

　要素を洗い出すことに慣れていない人は、要素をロジカルに分解する「ロジックツリー」や、要素を樹形図のように表現する「マインドマップ」といった要素分解の手法を活用してみてください。

　大事なのは、要素をメモ帳やスマホに書き出して可視化すること。頭の中だけで考えていると、すぐに忘れてしまい「あれ、何だったかな？」とモヤモヤします。

Step2は、**Step1で出した各要素について、自分なりのイメージを膨らませます**。例えば「顧客」について、「こんな状況にある人で、こんなニーズを持っている人」といった具合です。

企業によっては、顧客イメージを膨らませるために年齢や性別、年収やライフスタイルなどを具体的に考える「ペルソナ」を使うこともあります。

イメージできたら、そういうイメージを持つに至った理由も考えましょう。自分の頭の中のイメージを整理することで、自分が考えていることの全体像を認識できるようになります。

イメージが湧かない要素については、わからないままにするのもアリですが、近しい人に聞いてみる、ネットで検索してみるなどして可能な限り自分なりの考えを出しておきましょう。

ディスカッションで、相手にゼロから考えてもらうのと、基となる考えから発想を広げてもらうのとでは、相手の頭にかける負担の大きさは全然違います。

Step3は、各要素を繋げて全体のストーリーを作ります。**ストーリーを作る時のポイントは、骨子となる「要旨」「主張」「結論」をハッキリさせること**です。

例えば、「こういう商品を売りたい」ことを伝えるなら、

要旨：「売る商品はこれです」

主張：「この商品のコンセプトと想定顧客、価格はこうです」

結論：「3年で売上5億円を目指します」

といった具合です。

これらを明確にして繋げることで、相手の頭に素案のイメージが浮かびやすくなります。

要旨と結論を何にするかは、相手が最も知りたいことを想定した上で構成します。先の例は商品を気にしている人に伝える場合の構成ですが、売上を気にしている人なら要旨は売上、結論が商品と順番を逆にします。

素案のイメージが粗い時には、A4用紙1枚のメモ程度でまとめれば十分です。

素案の解像度が高く相手に詳細なイメージまで伝える必要がある時には、パワーポイントなどで細かく作りこみます。

伝わる素案／伝わらない素案

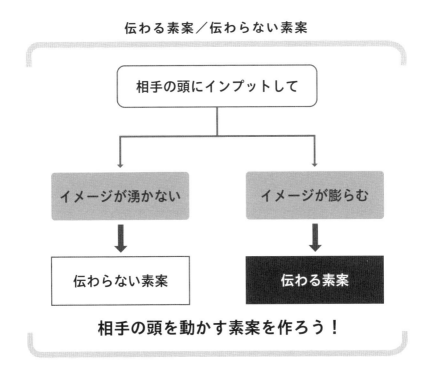

06
狙った方向のアイデアが
得られるよう素案をチェック

CASE 06

「社長の頭の中が正解だから……」で終わる会議

　ある中堅メーカーの新商品の販売企画会議に参加した時のことです。

　社長が販売のイメージを伝え、営業は社長の話をじっと聞いていました。社長が参加メンバーに「何か気になる点や、質問はないか」と聞くと発言はありませんでした。私は不安に感じ、「みなさんは、販売先や商談場面をイメージできていますか」と問いかけると、「大丈夫だと思います」と答えました。

　その後、販売したものの売れ行きが芳しくなく、社長は困った様子でした。私は、会議に営業を集め売れない理由を尋ねました。すると、営業のリーダーから「社長の話を聞いた時に、他社に比べて価格が高い印象はあったのですが、実際に提案してみるとやはり高いと言われました」と答えたので、「なぜ、販売企画の会議で言わなかったのですか」と聞き返すと、そのリーダーは「社長はかなり自信を持って言われていたので、その価格で売りたいのだろうと思い、言い出せずにいました」と話しました。

　私は「みなさんが会議でするべきことは、忖度や妥協をすることではなく、一緒に目指す姿を考え、実現することです。今後は、違和感があれば率直な意見を話してください」と伝えました。

■▶ 素案からよりよい考えを導く方法

　素案を作る人は、ゼロからいろいろなことを考え出さなければなりません。ですから、全部一人で仕上げることは難しく、どうしてもわからないことや、考えが抜け落ちるといったことが起こります。

　だからこそ、ディスカッションでイメージを重ね合わせながら解像度を上げるわけですが、好き勝手に頭に浮かんだことを話せばいいというものではありません。

　大事なのは<u>イメージを出すべきところに「狙い」をつける</u>ことで、その準備として素案のチェックを行います。その際の強力なツールとなるのが「違和感」です。

　素案を聞く・読むことから、「変だな」「しっくりこない」と感じるところを直感で構わないのでチェックしその理由を考え、イメージを伝える次の段階に備えます。

　ここでは、代表的な違和感とその対処法を6つご紹介します。

● **イメージが湧かない**

　例えば、「○○をキャッチアップする」といった抽象的な表現や専門的な言葉が使われていたりすると思考の混乱や停止が生じ、具体的なイメージをつかむことができません。

　このような時には素直に<u>「ここのイメージがつかめないから、具体的に教えてもらうことにしよう」や「もしかすると、こういうイメージをしているのかもしれない。よし、後で聞いてみよう」</u>と相手の頭の中のイメージを確認する準備をしましょう。

- **漏れやダブりの要素がある**

顧客や提供価値など考えなければならない要素が漏れていたり、顧客イメージの一要素としての「年収」が抜けていたりすると疑問が生じ、その先の情報が頭に入りづらくなります。そのような時には「この要素とこの要素が抜けているな。後で確認しよう」と頭を働かせます。また、販売商品に「A商品は20代〜30代の女性を、B商品は30代〜40代をターゲットにしています」のようにターゲットの年代にダブりがあると、気になって漏れと同様に思考が止まります。「A商品は20代女性が中心、B商品は30代女性が中心ということだろうか？ 話が終わったら聞いてみよう」とダブりの要素を解消する準備を行いましょう。

- **ストーリーがちぐはく**

ストーリーがちぐはぐな時は、素案の作り方で説明した「要旨」「主張」「結論」の繋がりが弱い状態です。

例えば要旨に「抹茶風味のフレーバーを利かせたアイスを出す」と言っているのに、結論で「抹茶風味のフレーバーは難しい」と全く反対のことを言ってしまうケースや、「1年で売上3億円を目指し、新たな取扱店の開拓を進めます。しかし、担当できる営業が1名であるためある程度の時間はかかると思います」と言っていることとやろうとしていることがかみ合わないケースなどが挙げられます。

このような時には、自分なりにストーリーを繋げ、それを相手に確認するようにしましょう。後者の例であれば「1年で売上3億円を目指すなら、営業1名で月10社の販売店を開拓する、と言おうとしているのかな」といった具合です。

● **イメージに飛躍がある**

例えば、まだ商品すらできていないのに「3年で売上100億円を目指す」とあまりにも現実離れした目標を置いてしまうケースです。会社の中期経営計画を作る時や、社運をかけた新商品に取り組む時などによく見られるケースです。このように**考えに飛躍があると感じる場合は、「段階的に考える」ようにしましょう**。

例えば、「3年先の話をしているが、1年目と2年目のイメージを聞いてみよう」や「3年で100億円の売上とすると、1年で10億円、2年で50億円くらいのイメージだろうか」とイメージを年単位で分割する質問を考えます。くれぐれも「そんなのムリ」といきなり拒否反応を示さないようにしましょう。

分けて考え、ディスカッションからどのあたりにムリがあるのか明らかにするプロセスを踏むようにしてください。

● **イメージの方向性が違う**

イメージの方向性に違いがある場合に、「それは違う」と頭ごなしに否定するのではなく、「どうして違うのだろうか」と違いの要因を探るようにします。その多くは、お互いのイメージの「前提の相違」から生じることが多く、「**前提のすり合わせ**」を行うことで解消されます。

例えば、上司から「顧客は30代の働く女性だと思う」と言われたことに対して、自分は小さな子どもを持つ主婦だと思ったとすると、「30代の働く女性だと考えた理由を聞いてみよう。何かのデータを見たのだろうか？ それとも感覚値だろうか？ その前提を確認した上で、自分の意見を伝えよう」と考えます。イメージが違っていても感情的にならず、チェックすることに集中してください。

● **イメージがありきたり**

　他社の商品を模倣する、ものすごく現実的な目指す姿など、考えにオリジナリティやユニークさが欠ける場合でも、「つまらない」「面白くない」と考えるのではなく、「もっと面白くするにはどこを変えるとよさそうだろうか？」や「ここにこれを足すことでさらに面白くなりそう」と、素案を読み聞きしながら考えます。

　大事なのは<u>「もっと面白くできないか」「もっと素敵な目指す姿にならないか」と思考をストレッチさせて、誰もがハッとするようなアイデアを思いつけるよう頭を動かす</u>こと。くれぐれも「これでいいや」とすぐに妥協や満足をしないでください。

素案の代表的なチェック方法

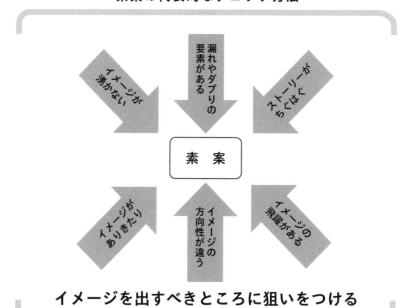

イメージを出すべきところに狙いをつける

出てきたアイデアから
素案の解像度を上げる

CASE **07**

意見をうまく処理できずまとめる方向が見えない

　あるＩＴ企業の新事業プロジェクトを支援していた時のことです。企画部門のリーダーとサブリーダーでまとめた経費精算を自動化するサービス企画の素案を基に、会議で他のメンバーを交えたディスカッションを行いました。素案では提供するサービスの価格を月額300円に設定していましたが、他のメンバーから「300円では正直高いと思う」や「他社サービスより優れているので1000円でも十分使われると思う」と、素案と異なる意見が出てきました。リーダーとサブリーダーも初めのうちは、「なるほど！」「それはあるかもしれない」と盛り上がっていたのですが、「月額ではなく年額にできないか」や「オプションをつけて単価を上げられないか」など様々な意見が錯綜し、情報を処理しきれなくなったのか、徐々に口数が減っていきました。

　メンバーからの意見がひとしきり出揃ったところで、会議の場は静まり返ります。その沈黙は、「思ったことを伝えたけれど、この後どのように進めるのだろう？」というメンバーからの無言のプレッシャーのように私は受け取りました。その時、サブリーダーが「さて、これをどうまとめましょうか」とリーダーへ言うと、リーダーは若干困った表情をしながら私に、「どうすればいいでしょうか」と助けを求めました。

■▶ 異なる意見から思考の解像度を上げる

　素案に対して四方八方から意見が出てきてしまい、それを処理し切れず会議がフリーズしてしまうことはよく見る光景です。これは、ディスカッションの内容を整理しないまま各々が思ったことを話してしまい、会議参加者の思考が発散してしまっている状態で、本質的には推進役の、出てきた意見を料理する技術に起因します。

　推進役の技術レベルが低いと、推進役自身が「これだ！」と思える考えを持つことができず、出てきた意見の全てを取り込もうとする、特定の人に偏った意見を採用する、多数決で決めるといった方法を取る傾向に陥りがちです。これでは、せっかくメンバーが考え出してくれた情報を十分に活かすことができません。

　一方、上級者になると、第1章の61ページでお伝えした「翻訳」「構造化」「要約」などを頭の中で行いながら、素案を全員が納得できる強い考え（＝仮説）に仕上げることができます。

　上級者は、**出てきた意見をヒント**に、**顧客や提供価値、実現する世界観のイメージの解像度を上げるような頭の使い方**をします。

　先ほどの例で言えば、サービスの価格を素案では月額300円としていたところ、価格についての意見は割れ、さらに年額やオプションといった異なる情報が次々と入ってきてしまい、リーダーやサブリーダーの頭脳は機能停止に陥ってしまいました。

　そこで、私がバトンを受け、メンバーに価格や年額、オプションを考える理由を尋ねると、それぞれイメージしている顧客が異なることがわかりました。価格が高いと言った人は個人ユーザーを対象に、逆に価格が安すぎると言った人は大手企業を対象に考えていま

した。また、年額は導入時に必ず予算化が必要な総務担当者を、オプションはエンドユーザーを顧客にした意見だということがわかりました。メンバーは、サービス企画という観点だけでなく、事業成長の観点から意見をしていることに気が付きました。

　私は「スタート段階では、中小企業経営者を対象に必要最小限の機能に絞ったシンプルかつ安価なプランが受け入れられると考え、月額300円に設定しています。これなら赤字になりません。導入先の社内利用が広がれば、みなさんの意見からオプションや年額プランなどを提案し、そして中堅〜大手企業への導入を図り、収益を伸ばすイメージではないでしょうか」と話を整理し、「この考えに違和感がないようなら、リーダー、サブリーダーと事業展開イメージをまとめようと思いますが、いかがでしょうか」と伝え、参加者全員納得して会議を終えました。

▐▶ 最後は推進役が方向を示す

　とはいえ、意見が割れる中で「こうではないでしょうか」とまとめるのは、とても勇気のいることです。しかし、**誰かが「こうではないか」と言わなければ、メンバーの思考は先へと進んで行きません**。その役目を負うのが推進役なのです。たとえ自分が考える方向性に自信がなくても「私たちが進む方向はこちらではないでしょうか」と理由を添えて伝えます。そうすることで、メンバーは「本当にそれでいいのだろうか」や「その方向へ進んだ時に何が起こりそうか」と、より一歩先へと思考を進めることができるのです。

　そのためにも、**推進役を担う人は、メンバーの話に耳を傾け、感情的な言葉や些細な話にとらわれず、「私たちが顧客にすべきはこ**

ういう人で、提供価値はこれで、実現する世界観はこんなイメージではないか」と<ruby>虚心坦懐<rt>きょしんたんかい</rt></ruby>に言えるようにしなくてはならないのです。

　また、自分のイメージを伝えた後に、メンバーから「それは違う」と言われたとしても、決して感情的になったり落ち込んだりせず、「どこが違うのか聞かせてください」とイメージを引き出す方向へ頭を切り替える気持ちの強さも必要です。

　こうしたことを何度か経験し、頭の中でイメージする力がついてくると、相手から「その通りです」「さらにこういうイメージを付け加えたいです」とポジティブな反応を得られるようになっていくでしょう。

異なる意見から新しい考えを生み出す

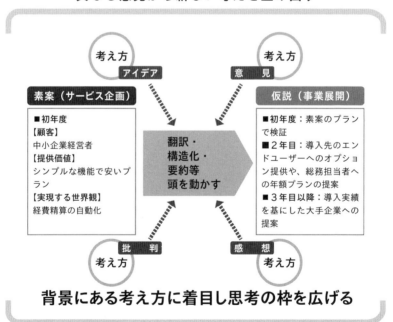

素案から仮説に仕上げる
ポイント

CASE 08

改革の方針はわかるが「実際に、どうすりゃいいのさ」

　ある企業で、経営方針を固める会議が大詰めを迎えていました。

　会議終了間際に、社長が「方針は大体固まったと思うので、これを従業員に発表したいと思う」と言いました。

　私は、「発表するのは構いませんが、これまでにないドラスティックな改革であるため、具体的にどうするのかという話がないと従業員は困惑すると思います。方針に従って、取り組むことをまとめてからでも遅くはないと思いますが、いかがでしょう」と提案すると、社長は「具体的な取り組みはここにいる役員がそれぞれ考えて進めればいいだろう」と答え、会議は終了しました。

　後日、社長からの経営方針発表が終わると、その直後私のところにメールや電話で「この先、私たちはどうなるのでしょう」や「取引先へこの方針を説明したほうがいいのでしょうか」といった問い合わせが殺到しました。

　他の役員も同様な状況に陥り、結局社長から全従業員宛に「今後の具体的な取り組みと進め方については、早急に協議しお伝えします。少しお待ちください」とメールすることになりました。

⬛▶ 仮説で人を動かす

仮説は、考えるべき要素についてイメージを固めたもので、例えば、商品であれば「そのような商品なんだ」とイメージできるものになります。内容に疑問を持たれたとしても、全て回答できる状態になっていなければなりません。

しかし、それだけでは仮説としては50点で、**考えるべき要素のイメージに加えて「だから、次にこうする」と具体的な取り組みを含んでいないと満点にはなりません。**

これがあることで、私たちは考えを先に進めることや、実行することが可能になります。

例えば、商品企画であれば「今回新しく出す商品はこれです」と商品イメージを展開した後、「商品は決まったので、次に考えるべきことは販促企画です」と次に取り組むことを示します。

先の例では、方針までは順調に進んでいたのですが、具体的な取り組みが抜けていました。これは**「動かす相手の視点」が抜けていたことが原因です。**

社長は、「経営方針を伝えれば組織は動くだろう」と考えていましたが、私は「方針を示した次にするべきことは、組織に動いてもらうための具体的な企画検討」だと考えていました。そこに、社長と私の思考の温度差がありました。

この話の後日談として、経営会議では従業員の反応を元に「社内問い合わせ窓口の設置」と「改革推進プロジェクトの発足」の取り組みをまとめました。

　これらは私が素案として既に温めていて、すんなり会議で決まりました。
　すぐに社長から全従業員へメールし、私は各担当者と共に企画を推進していきました。

　イメージがまとまっただけではダメで、**動かす相手と動かすイメージを持ちながら、次の取り組みまでイメージ**しなければ仮説とは言えません。

仮説の役割とは？

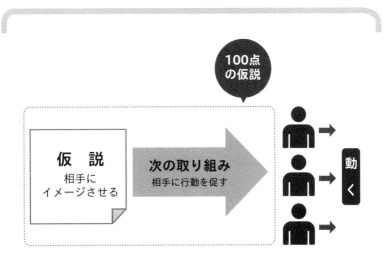

**100点
の仮説**

仮 説
相手に
イメージさせる

次の取り組み
相手に行動を促す

**動

く**

仮説を使って人の頭や体を動かす

決めきれない時は
仮説を紙に落とす

毎回、話が堂々めぐりで一向に前進しない会議

　ある広告会社の新規事業企画会議に参加した時のことです。

　プロジェクトリーダーは、毎回会議の内容をまとめたメモを配りメンバーと話し合いをしていましたが、数回の会議を経てもメモの内容はさほど変わらず、会議は徐々に閉塞感に包まれていきました。

　そして、次の会議で若手メンバーの一人が「この会議、続けている意味があるのでしょうか？」と言い出し、他のメンバーからも「話が堂々めぐりになっている感じがする」と不満が噴出しました。それを聞いたリーダーは若干狼狽しながらも、「みんなの考えを聞いて着実に進んでいると思うので、次回はもう少し具体的な検討に入りたい」と言い会議を終了しました。私はリーダーに「次の会議のディスカッションペーパーを作りましょうか」と提案すると、彼は「それは助かります」と言いました。

　私は、リーダーの素案を基に、これまでのディスカッションの内容を整理し、仮説までの残された論点を紙にまとめました。そしてリーダーに「資料を基にメンバーの目線を合わせた上で、残された論点を議論してください」と伝えました。

　次の会議で企画はまとまり、メンバーからは「これまでのモヤモヤがスッキリしました」と言われました。

➡ディスカッションペーパーで思考を積み上げる

いくらいいディスカッションであっても、必ずといっていいほど粒度の粗い部分が残ります。素案から仮説へ仕上げるには、こういった思考の粒度の粗い部分を詰めていく必要があります。それを補うのが紙に落とす作業です。

ディスカッションの内容を振り返り、

「あと、何と何を決めれば企画になるか」

「曖昧になっている点はどこか」

などを考えながら、決めた部分と決めるべき部分を分けて資料化します。それが、次のディスカッションペーパーとなるべきもので、メンバーの頭の中のイメージをすり合わせながら、決めるべき部分に意識を集めてイメージを引き出すツールとして機能します。

資料化する時のポイントは、ディスカッションの内容を資料化するのではなく、**決めた部分について「こうする」と意思を置き、決めるべき部分については「仮にこうする」と考えを置く**ことです。

例えば、商品企画であれば「商品はこの仕様で、価格は300円にする。発売時期は仮に10月〜11月を想定しているが、時期について決めるディスカッションを行いたい」とった具合です。

こう表現することで、決めた部分については「本当にそれで大丈夫か」とチェックする方向へ、決めるべき部分については「もっとよいものがありそうだぞ」とイメージを膨らませる方向へメンバーの頭を動かすことに繋がります。

■▶「会話を残す」のではなく「思考の足跡を残す」

　いろいろな会社で議事録や会議メモを見せてもらうと、私が一番知りたい「素案は何で、仮説に向けて何の要素をどの順序でどう考え、何が決まり、後は何を決めなければならないのか」が書き残されていないことがほとんどです。

　重要なのは、**会話を漏らさず残すことではなく、思考の足跡を残すこと**です。

　素案から仮説までのディスカッションのプロセスを紙に残しておくことは、途中で新しいメンバーが加わった時や、報告説明を求められた時でもすぐにイメージとすり合わせることができ、それがお互いの信頼関係を作ることにも繋がります。

　これがないために起こる不必要なやり取りや意思疎通の不具合などによって、「あの人は使えない」や「物分かりが悪い」といった間違った方向へ思考が進むことがあります。

　面倒と思う人もいるかもしれませんが、必ず思考を紙に落とすクセをつけるようにしましょう。

思考を積み上げる

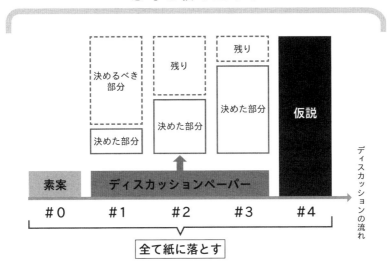

これまで考えたことと、
これから考えることを明らかにするのが
ディスカッションペーパーの役割

COLUMN

やってはいけない！
ディスカッションの注意点

▶ 目線合わせを疎かにしてしまう

　ある会議で、参加者は積極的に発言し、活発なディスカッションが行われていました。ただ、盛り上がりすぎて話が脱線している点が私は気がかりでしたが、進行役は特に気にせず意見に耳を傾けていました。ひとしきり話が終わると、参加者の一人は「あれ？　何を話していたのかわからなくなりました」と言い出し、全員「どうしよう？」という表情になりました。

　私は「みなさんは想定顧客について話していて、結論として30代社会人男性をメインターゲットにするイメージですね。では、次は提供価値について話しませんか」と伝えると、みな納得した表情になり、ディスカッションは前に進みました。

　イメージが膨らみ始めると、参加者は楽しくなって頭に浮かんだことをつい口にしてしまいます。好き勝手に話をしていると、今何を話しているのかわからなくなり、ディスカッションで進む方向を見失います。そうならないよう、アイデアが出揃ったタイミングを見計らって話していたことをまとめ、次に進むべき方向性を示します。ポイントは、①話をしていた内容を振り返り、②結論をひと言にまとめ、③次に考える要素を提案することで、イメージの共通認識を作り次に考えるべきことへ思考を誘導します。

目 線 を 合 わ せ る

内容を振り返る

結論を一言で

次の要素を提示

「想定顧客あれこれ」　　「30代社会人男性」　　「提供価値について」

話の脱線や迷走を防ぐテクニック

▶頭ごなしに否定

　ある会議で、若手社員が「こんな考えはどうでしょう」と提案したところ、同席していた社長は「そんなアイデア使えないよ」と言うと、その場は静まり返りました。

　社長は「もっといい意見はないのか」と言いましたが、誰も考えを話そうとしませんでした。社長は「自分はこうしたほうがいいと思っていた」と自信ありげに言いました。それに対してある従業員が「それは難しいと思います」と発言したところ社長は「君はいつもそんなんだからダメなんだ」と激怒しました。

　上司がいくら「好きなように意見をしてもいい」と言っても、役職が下から上の人へ考えを伝えるのは多少なりとも緊張するものです。それを乗り越えて考えを伝えても、頭ごなしに否定されてしま

うとそれ以降はもう何も言えなくなります。

　逆に、役職が上から下の人へ伝える時も同様です。下の人からの意見に耳を傾けず、自分の考えを押し通そうとすると意見は出なくなります。

　そうならないよう**相手の考えを頭ごなしに否定せず、いったん受け止めて使えそうな考えを探し出すようにします。**

　例えば、考えの一部を切り取り「その考えのこの部分は面白いね」や、考えた理由を尋ねて「その発想は使えそうだ」といった具合です。どんな人でも、自分の考えが一部でも採用されると単純に嬉しいものです。

頭ごなしに否定しない

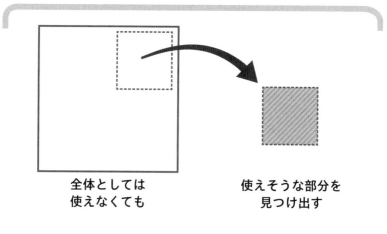

全体としては
使えなくても

使えそうな部分を
見つけ出す

使えそうなものはどんどん採用しよう！

■▶「多分、大丈夫」のままで進行

　ある商品企画の会議で、製造方法を考えるディスカッションをしていた時のことです。同席していた製造部門のリーダーは「これまで似たような商品を作ったことがあるので、多分技術的に大丈夫だと思います」と答えました。商品は決まり、サンプルを作ろうとしたところ、製造部門のリーダーは「自社の製造ラインではできないことがわかりました」と申し訳なさそうに話しました。結局、商品は大本から考え直すことになり、そのリーダーはプロジェクトから外れることになりました。

　ディスカッションでは、参加者が持つ知識や経験を組み合わせて、素案から仮説を作り上げます。これは、職人が集まる建設現場に似ていますが、その職人が建物を建てる時に「ここの工事はこんなも

思 い 込 み の ま ま 進 め な い

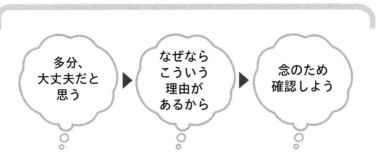

**イメージを出す際には
確実か不確実かをハッキリさせよう**

ので、多分大丈夫だろう」と手を抜いたらどうなるでしょう。

　ディスカッションでも同様で、一部でも手を抜いてしまうとこれまで積み上げてきたイメージが全て水の泡になることがあります。もし自信のない部分があれば、手を抜かず必ず確認し、必要であれば議題に挙げるようにしましょう。

▐▶「アイデア」を垂れ流す

　ある新商品の販売会議で、小売店への採用が進まないことが問題に挙げられていました。一人の営業から「今は商品の顧客認知を広げる段階であることから、採用に時間がかかる大きなチェーン店ばかり狙わず、小さい規模の店にも足を運び1店舗でも多くの店に採用されることを目指しませんか」と提案がありましたが他の営業はそのアイデアに対して誰も反応しませんでした。

　私はそういう考えもあると思い、「そのような活動もできるのであればやってみませんか？」と言い、「他の営業の方も提案できそうな店舗はありますか？」と聞くと、数名の営業から具体的な店名が出てきたので、「それじゃ、当たってみましょう」と伝えました。そして、商品を提案した先には全て採用されました。

　せっかく新しいアイデアが出ても、それを使わなければ全く意味がありません。逆に言えば、アイデアは使うことで価値が生まれます。私はムダなアイデアはないと思っています。アイデアを価値に変えるのも変えないのもその人次第です。出てきたアイデアはそのままにしたり、流したりすることなく、取り込んで使うイメージを膨らませましょう。

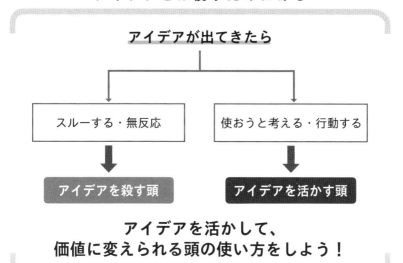

アイデアとは使うためにある

アイデアが出てきたら

スルーする・無反応 → アイデアを殺す頭

使おうと考える・行動する → アイデアを活かす頭

アイデアを活かして、
価値に変えられる頭の使い方をしよう！

▐▶ イメージが湧かないのにいつまでも続ける

　ある企業で商品イメージを固める会議に参加した時のことです。会議中、私は社長に呼ばれ席を外しました。1時間後に会議室の前を通ると、まだ会議は続いていました。

　私は「商品イメージは固まりましたか」とメンバーへ声をかけると、「なかなかイメージが膨らまず悩んでいました」と答えました。私は「その原因を話し合いましたか」と聞くと、「いいえ、それは話していません」と言うので、「みなさんの頭の中にイメージができていないと思うので、今日は会議を終え、数日でそれぞれイメージを膨らませた上で会議を再開しませんか」と提案しました。メンバーはほっとした表情で「誰かそう言い出してくれないかと思っていました」と話しました。

私が広告会社でしていたクリエイティブ会議は3時間、4時間になることは当たり前でした。他のチームでは12時間も会議をしていたなんて話を聞いたことがあります。

　その時の経験から、今では**イメージが出てこなければ、さっさと会議を終わらせるようにしています**。頭の中にイメージがないのに、いくら粘っても湧いてきません。

　そのような状態をいつまでも続けるのは時間のムダです。必要なのは、欲しいイメージの方向性に沿ったインプットです。

イメージが膨らまない時

求めるイメージの方向性を決めて

STOP!

途中でも会議をやめる

ネットで検索

本や関連資料を読む

街でヒントを見つける

人と話す

ノートにイメージを描く

次の会議に向けてイメージを膨らませる

途中でも会議をやめる勇気を持とう

そのような時は、会議で「次の会議でイメージを固めるために、こういう方向のイメージを膨らませてきてください」と伝え、それぞれネットの検索や参考になりそうな資料を読む、街を歩いてヒントを見つける、人と話して想像を膨らませる、ノートにイメージを描くといった作業をしてもらうよう提案しています。

■▶「怪しい」と思っても戻らない

　ある会社で新商品の企画会議が行われていました。社長発案で企画の具体化が進められていましたが、顧客ニーズ、製造、価格などでクリアすべき問題が発生していました。しかし企画メンバーは、社長発案の商品化に全力で動いていました。私は途中から企画会議に参加しましたが、本当にこの商品でいいのか疑問に思い社長に「想い」を確かめてみると、この商品は理想のイメージではないことがわかりました。そこで、さらにイメージを聞き出すと全く別の商品であることがわかり、企画メンバーから「それなら実現できそうだ」と意見が出ました。

　私は「今から企画する商品の方向を変えませんか」と伝えると、社長含めて全員の合意を得られました。後で企画リーダーから「このタイミングで商品の方向性を変えられるとは思ってもみませんでした」と言われました。

　会議を重ねて考えを深めてしまうと、進む方向が間違っていたとしても突き進もうとして戻ることができなくなります。

　いわゆる「コンコルド効果」と呼ばれるもので、時間やお金を費やしてしまうと、損失が出るとわかっていてもやめられない状態に

陥ります。全員がこのような状態にある時に戻ることを提案するのは勇気がいることですが、**怪しいと感じたら原因となるところまで戻りましょう。**

　先の例で言えば、「この商品で実現しようとする世界観」のイメージを聞き出しながら、その世界観と作るべき商品のズレを見つけ出しました。

「怪しいな」と思ったら…

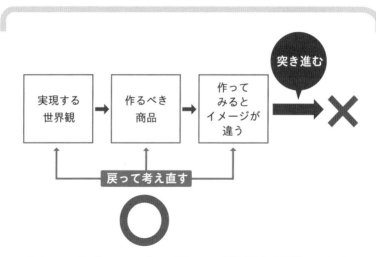

戻るべきところまで戻って疑問を解消しよう

第3章

顧客を創造する会議
（方針・企画編）

会議で組織の思考と行動を加速する

「でき次第会議をやりましょう」が納期を遅らせる？

　ある企業の新商品開発の会議に参加した時のことです。

　理想脳であるプロジェクトリーダーと、現実脳の一人である製造担当で試作品の開発を進めていました。

　数回の試作を経て、ようやく商品の方向が固まりました。製造担当は「最終の試作品をこれから作りますが、今製造ラインが一杯で空き次第着手します」と言いました。

　プロジェクトリーダーは「それでは、試作品ができ次第、会議を設定することにします」と言って、会議を終わろうとしました。

　私はすかさず「開発の期限があるので、そこから逆算すると2週間以内には試作品ができていないと間に合わない計算になります。次の会議で決めることを考えると、2週間以内に会議を設定し、そこに向けて試作品を作る方向で考えませんか」と提案しました。

　そして製造担当には「1週間以内に試作品を作れるようラインを調整できませんか」と伝え、プロジェクトリーダーには「1週間後の同じ時刻に会議を設定し、それまでに全員で試作品を確認しませんか」と提案すると、それぞれ「そうしましょう」と答えてくれました。その後、会議に向けて全員が動き、2週間で試作品は固まりました。

➡️ 会議を問題解決ではなく目標実現のために使う

　未だに会議を「問題や決めなければいけないことが発生した時にするもの」と考えている企業があります。

　それは大間違いで、**「ここまでにこれを決めたいから、それに向けて会議をしよう」と考えるのが正しい会議の使い方**です。会議とは組織の思考と行動を加速させるために使うものなのです。

　面白いもので、人は「会議をしよう」と言うと、それまでに何かしなければならないという意識になります。

　いい意味でのプレッシャーであり、**会議を設定することによって自発的に人の行動を促す効果があります**。

　それを上手く利用し、会議を先に決めて行動を逆算していくと、人は動きやすくなります。

　逆に積み上げ型の会議だと、様々な障害によってスケジュールは確実に延びてしまいます。

「こうしたら会議をしよう」ではなく「これをここまでに決めるための会議をしよう」という意識を持つようにしましょう。

　そして**会議の終わりには必ず次の会議日程と決めることを整理し、それぞれのメンバーが取り組むことを明らかにします**。

　私は、会議とは使い方一つで良薬にもなれば毒にもなると考えています。

　薬も飲みすぎれば体に毒になるのと同様、会議をたくさんすればいいというものではありません。

<u>会議のやりすぎは生産性を下げることにもなりかねません</u>。なぜなら組織が考える、アウトプットする時間を奪うからです。

　会議は状況とタイミングによって使い分けることで、正しい効能を発揮します。

　ということで次からは、会議を使い分ける方法について解説します。

正しい会議の使い方

間違った会議の使い方

準備を
完了する

↓

会議を
設定

正しい会議の使い方

会議を
設定

↓

ここまでに
準備をする

組織の思考と行動を加速するために使う

02

みんなに見える会議の地図を持つ

CASE 11

部門長のひと声が会議と組織をミスリード？

ある企業の会議に参加した時のことです。

部門長が「会社全体の売上が下がっていることは大問題だ！至急、営業会議を開いてセールスの対策を考えたい」と言いました。私は問題の本質がどこにあるのか気になり、その部門長に「売上を回復するためにやるべきは、本当にセールスをすることなのでしょうか。まずはどのような顧客が離れていて、その要因がどこにあるのか明らかにする議論をしてはどうでしょう」と提案しました。

その部門長はやや不服そうでしたが、他の参加者から「私もそう思います」と援護射撃を受け、目指す姿や現状を聞いてみると一部の顧客のニーズと商品の提供価値にズレが出始めていて、競合他社の商品に顧客が移っていることがわかりました。

そこで、離れている顧客向けに急ピッチで新商品の開発を進め、半年後に商品提供を始めたところ徐々に売上は回復していきました。恐らく、部門長の言うままに行動していたら新商品開発ではなく全員で営業に走り、苦戦を強いられていたことでしょう。

後日、部門長は「私も新商品が必要ではないかと思っていたのですが、売上を取り戻すことに焦っていました」と言いました。

■▶ 会議では必ず地図を確認する

　目指す姿や、たどり着くまでの道筋を曖昧にしたまま行動すると、何か問題が起こるたびに右往左往してしまいます。

　また、問題の本質にたどり着けず対処療法を繰り返し、間違った方向へ突き進みます。そして、思い通りにいかないと、責任の押し付け合いやパワハラが起こります。

　組織がそうならないように、自分たちはどこを目指し、今どこにいて、どのように進もうとしているかが<u>ひと目でわかる</u>「地図」を常に持ち歩くようにします。

　そして、会議ではその地図を必ず確認しながら<u>「目標は何か」</u><u>「現在地はどこか」「問題はどこにあるか」「何をどう変えるべきか」</u>といったことを明らかにします。

　地図があると、実行段階で起こる問題を正しく素早く処理することが可能になります。これは、カーナビを見ながらドライブする状況に似ています。

　先ほどの部門長は頭の中にぼんやりと地図を持ってはいたのですが、目の前の売上減少に慌ててしまい、これまでの経験則から「営業で売上を回復すべきだ」と誤った答えを導き出してしまいました。

　本来、顧客の創造とはダイナミックで面白い活動ではありますが、先の例のように誤った判断で失敗すると「あのプロジェクトは辛かった」と思い込んでしまいます。<u>**人は一度失敗を経験すると、取り組み全体にマイナスなイメージを持ってしまい、二度と挑戦したいと思わなくなり、組織から顧客の創造の灯が消えてしまいます。**</u>

　私は、顧客を創造することの面白さを体験してもらいたくて、会

議でみなさんの頭を強く動かし、地図の解像度を上げることに注力
してきました。

　**地図を持っていると迷走しないだけではなく、柔軟に道順を入れ
替えることや、目的地の微調整を行うことができます。**

　後述しますが、頭の中だけで考える地図と実際にやってみた地図
では必ずズレが生じます。

　カーナビが出したルートで走り出したものの、途中で渋滞や事故
に遭遇しルートが変わったり、立ち寄りたい場所が出てきて目的地
を変更したりすることに似ています。

　考えたことが実行に移った段階で当初の狙いから外れても、焦ら
ずスマートに軌道修正できるよう地図を持ちましょう。

顧客を創造する会議の地図

目指す姿

方針　　　　企画
顧客と提供価値、　世界観を実現する
実現する世界観　　具体的な方法
　　　　　　　　　例：商品や営業など

アクション
例：顧客向けに提案書を作る

現状
目指す姿の実現に向けて
使えるものや足りないもの

どこの何を考えているのか強く意識する

03
方針・企画なしに
行動しても結果は出ない

会長の意向とはいえ「本当に行うべきはそれですか?」

　知人にあるエンターテイメント企業の社長を紹介され、組織変革の方法について相談を受けた時のことです。

　社長から「創業者である会長は、従業員の活気が薄れてきたことを気にしており、従業員向けにクレド(企業の信条をまとめたもの)を配りたいと言われている。あなたにそれを依頼できないか?」と言われ、私は「クレドを作れないことはないが、会社の目指す姿を理解した上で、本当に行うべきことは何か議論したい」と答えました。その社長は、「会長がクレドを配りたいと言われているので、議論の必要はないと思います」と言いましたが、私はどうしても現時点でクレドを作ることがその企業の成長に繋がるのか腹落ちせず、この話はそこで終わりました。

　数年後、久々に知人に会うと、クレドの話はウヤムヤになったばかりか、その社長は低迷する業績の責任を取る形で辞任したと聞きました。

■▶方針と企画なしに行動はありえない

　天才的に直感の鋭い人は、方針や企画を飛ばし、具体的なアク

ションまでたどり着けますが、ほとんどの人はそれをやろうとすると失敗します。方針とは、**組織が進むべき大まかな方向性であり、顧客と提供価値、そして実現する世界観をイメージすること**です。

　企画とは、その方針を実現する具体的な方法で、構成要素を抜き出すと「5W1H+P」(Who , What , Why , When , Where , How , Price) という形でまとめられます。 先の企業の会長は「クレドを配りたい」と言われていたようですが、私の頭の中では 、「業績は低迷し、新たな顧客が見いだせず数字を追いかける従業員に対し、会長は新商品や新規事業開発にチャレンジしてもらいたいのではないか」、また、当時様々なアニメキャラクターなどのコンテンツ開発に注力し、そのファンが少しずつ増えていたので、「ファンに喜ばれる面白い商品の企画を、従業員に期待しているのではないだろうか」と推測していました。

　仮にそうだとするなら、アクションはクレドを配ることではなく、方針を簡単にまとめ商品を企画するプロジェクトを立ち上げ、具体的な企画をアウトプットすることではないかと考えていました。

　現に、この話の数年後、その企業の決算報告書にはある有名コンテンツの商品開発プロジェクトをスタートしたと書かれていました。

　このように**顧客の創造に慣れていないと方針や企画を飛ばしてアクションの話になりがち**です。運よくそれらが繋がっていればいいのですが、私の経験上、ズレているケースは9割以上です。

　社長から「これをしてほしい」と言われて、方針や企画を整理したいとは言いづらいかもしれませんが、本当に企業の成長を考えるならば勇気を持って提案すべきです。

社長からすると回りくどいと思うかもしれませんが、顧客を創造する地図を示しながら、「社長がお話されているのはアクションの部分ですが、それが本当に目指す姿の実現になるか一度確認させていただきたいです」と伝えるようにします。私が先の企業の会長と話せたら、「確かに今やるべきことはクレドを配ることではないかもしれない。ある社長からそれがうまく行ったと聞き、当社でもやってみてはと考えただけだ」と言われたかもしれません。

　私は方針・企画なきアクションを話す社長に何度も会いましたが、その度に社長へ頭の中の地図の整理を提案しています。

　その反応はというと、全て「そうしてもらえるとありがたいです」と快く受け入れられています。

方針や企画は飛ばさない

地図なき航海はしてはいけない

方針はトップが打ち出す

CASE 13

「何か違うんだよな……」でプロジェクトが中止

　ある伝統のある企業の新規事業企画プロジェクトを支援した時のことです。

　企業の上層部は従業員へ「今の事業の枠にとらわれず、思い切った新規事業企画を提案してほしい」と伝えていました。そこで新規事業担当役員から私に「従業員の思考をストレッチして、大胆な企画を作れるように指導してほしい」と依頼がありました。

　私は、役員に「思考をストレッチするには、まず方針を会社として示す必要があります。創造すべき顧客と、提供すべき価値、実現する世界観のイメージを仮でもいいので固めませんか」と提案したものの、役員からは「それを話し出すと経営層がまとまらないため、具体的な企画をもとに上層部と相談していきたい」と言いました。

　そこでプロジェクトリーダーが興味を持っていた最先端テクノロジーを利用した新規事業企画をまとめ経営層へ提案すると、それまで聞いたことのない条件をいろいろと課せられました。

　その後も、提案する度に新たな条件が追加され、挙句の果てには今の事業への貢献を求められるようになり、結局プロジェクトは途中で中止となりました。

■▶ 方針はトップが推進役と共に作る

　方針とは、顧客創造の根幹をなすものであり、企業の全体と未来に影響を及ぼします。それは、一従業員に考えさせるものではなく、経営者が考えるべきものです。**方針は、経営者の想いから作られる世界観であり、組織が進むためのコンパスです**。従業員は、方針を頼りにワクワクする世界の実現に向けて具体的な企画を考え出し、検証と改善によって目指す姿の解像度を高めていきます。

　東京通信工業（現ソニー）創業者の井深大が掲げた会社設立趣意書の一節に「技術者たちが技術することに深い喜びを感じ、その社会的使命を自覚して思いきり働ける安定した職場をこしらえるのが第一の目的であった」とあります。戦争で全てを失った日本社会において、技術の力によって従業員と日本を豊かにしていきたいという井深氏の熱い想いが感じられる方針です。

　方針を作る時の頭の使い方ですが、経営者は推進役とのディスカッションを通じて自身の想いや企業の強みに気づき、創造すべき顧客と提供価値、そして実現する世界観のイメージを膨らませます。
　それが**ワクワクするもので解像度が高いほど、方針としての強度は上がり、従業員にそのイメージは伝わりやすくなります**。

　ディスカッションでは、**経営者が素案を考え、推進役のリードを受けつつ理想と現実脳をストレッチして自身の頭の中にあるイメージの解像度を上げていきます**。
　推進役は、素案をチェックし理想脳と現実脳が仮説へ到達できるようディスカッションをリードしていきます。1回の会議で素案か

ら仮説まで行くことはほぼなく、会議とディスカッションの議題を数回に分けて段階的に行います。また方針を作る際には、経営者が一人で抱え込んだり、推進役が「社長から方針を出していただかないと動けません」と言ったりしてはダメです。お互いに考えることの役割を分担し、協力しながら一緒にイメージを練り上げましょう。

　方針を生み出すのはとても大変な作業ですが、これこそ経営者が行うべき最も重要な仕事であり、組織を動かすコンパスを作れない経営者はそれができる人に託すべきであると、私は考えます。
　実際に、あるメーカーの社長は、方針を打ち出すことができず、生え抜きの取締役に社長を譲りました。そして、新社長は自ら方針を掲げて事業を伸ばしています。

方針を作る意味

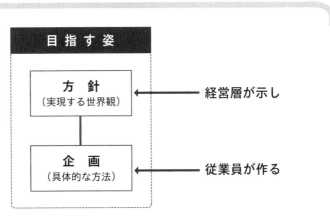

従業員の頭を動かすコンパス作りは
経営層の仕事

05

方針は「絶対」ではなく 何度変更してもOK

「ムリ」と知りつつ目標実現に走るリーダー

　ある建材メーカーの新事業プロジェクトを支援した時のことです。社長はプロジェクトリーダーへ「3年後に売上5億円は目指したいと考えている」と伝え、そのリーダーは目標実現に向けて奔走していました。

　しかし、2年で売上は1億円程度に留まっていることから、社長は私に「リーダーは頑張っているように見えるが、成果が上がらない理由を探ってほしい」と依頼してきました。

　私はさっそくプロジェクトリーダーに会い、単刀直入に売上が伸びない理由を尋ねると、「スタートする前はそれなりに規模のある市場だと思っていたのですが、実際に動いてみるとそこまでのニーズはなく、必死に営業はしてもなかなか売上が伸びません」と答えました。

　私は「社長へその話は伝えましたか」と質問すると、そのリーダーは「いえ、社長に言われた3年で売上5億円の目標はなんとしても実現しなければと思っています」と言いました。私は「ムリなことをし続けていても、あなたも社長も会社も誰も幸せになりません。いったん社長へお伝えし、今後の方針を議論しましょう」と伝えました。

➡ 方針を疑う目を持つことも必要

　方針は組織が進むための目印のようなもので、実際に動いてみると方向が違ったなんてことはいくらでもあります。旅行先で「夕方5時にこの場所に到着したい」と思っても、実際は道路の混雑や途中で観光したい場所が出て、時間通りに着かないのと同じです。方針を疑う目を常に持ち、企画や実行段階で「方針とズレがあるようだぞ」と思ったら、**方針に遡って見直す勇気を持ちましょう**。ただし、ちょっとやってダメだったから方針を変えるという意味ではありません。**最も有効だと思われる企画を考え、最も適切に実行してダメなら見直す**、という意味です。もちろん方針を企画するメンバーと共有し、あまりにも違和感を持たれるようなら考え直します。

　先ほどの話で言うと、後日社長とリーダーを交えてこれまでの経緯を共有したところ、社長は「3年で売上5億円という目標を伝えたが絶対ではない。成長有望な事業で人を活かすべきであって、無理なことをし続ける考えは全くない」と言われました。

　リーダーは「社長からはっきり目標を言われたので、その実現に向けて頑張っていたのですが……」と口惜しそうに答えていたのを私は遮り、「そもそも、新商品や新規事業のように初めてチャレンジする時の方針は絶対ではなく、企画や実行段階で見直すことが多々あります。社長、リーダーのどちらが悪いわけではなく、社長は方針を伝える際『目標が現実的なものか実行して検証してもらいたい』と一言添え、リーダーは『目標が妥当か3カ月単位で検証しご報告します』と答えると良かったでしょう」と伝えると二人とも深く頷きました。

　一方、**方針を変えていいと言っても、それ自体軽く考えることは**

間違いです。方針をコロコロ変えるようであれば、方針自体の信頼が揺らぎますし、変更する時もその理由を必ず示しましょう。

　ただ、方針は絶対ではないと言いましたが、その中でも「絶対」は存在します。それは**「想い」であり、理念や哲学といった揺るぎない信念は変えるべきではありません**。そこを変えてしまっては、拠り所にするところがお金儲けだけになってしまいます。

　渋沢栄一が掲げた「論語と算盤」の論語の部分、つまり人として大事にすべきことがみんなの心の拠り所になります。

　しかし、「これだ！」と自信を持って言える信念を持つことは並大抵なことではありません。それは失敗や成功の繰り返しの中からつかむものであり、強烈な体験から得られるものです。ここで悩む人は、あまり小難しい信念を掲げず自分が大切にしていること、例えば「人を笑顔にしたい」くらいシンプルで素直な言葉を置きましょう。

方 針 の 取 り 扱 い 方

有効だと思う企画を実行しても成果が出ない	or	企画メンバーと共有して、あまりにも違和感を持たれる

方針を変更する

方針の拠り所となる「想い」や「信念」は変えない

06 方針段階でのディスカッションをマネジメントする

CASE **15**

現状の問題はわかるが未来のイメージが持てない

　ある上場企業の役員がコンサルティング会社からインタビューを受けることになり、私も同席した時のことです。

　コンサルタントは役員へ「なぜ、事業が伸び悩んでいるのか」「その理由は何だと思うか」「あなたは役員としてどうしていくべきと思うか」「それが実現できないのはなぜか」と型通りの質問をしました。1時間ほどのインタビューが終わり、私がコンサルタントへ「この企業の目指す姿のイメージをお聞かせいただけませんか」と言うと、「ムダなコストをカットし伸びる事業へ経営資源を集中させることではないでしょうか」と教科書的な答えしか返ってきませんでした。

　そこで私は、改めて「短期、中期の売上利益のイメージを聞かせていただけませんか」と質問しました——。

⇒ ダメな理由より未来を感じさせるストーリー

　私はこのコンサルタントを否定するつもりは全くありませんが、**これからのコンサルタントには分析的な思考より創造的な思考が求められる**のではないかと思います。それは、問題点の提示や解決策

の提案だけでは組織は動かないからです。

　私は企業再生の現場で、業績の壁となる要因を指摘することや、実行の施策を提示するだけでは組織が動かない現実に直面しました。試行錯誤の末「こんな会社になっているといいよね」とみんながワクワクする目指す姿を一緒に描いて成果を上げた経験から、**人はワクワクする未来に心惹かれ自発的に動く**ことに気付きました。

　新商品や新規事業だけではなく、事業再生や承継なども目指す姿をより夢のあるものにするには、**方針に時間軸を持たせること**です。

　方針は時間と共に変化・発展します。顧客がゼロの時と1万人いる時では見る世界は変わります。時間軸を置いて段階的に会社がより良くなるストーリーを作っていくとワクワク度は増していきます。私が推進役の場合には、経営者に「ここでディスカッションした方針は、大体何年先に実現しているイメージでしょうか」と質問し、リアリティのある年数を聞き出します。ここでは仮に3年先と置きます。そこからその前後のイメージを膨らませるために「1年目、2年目は、どこがどうなっているイメージか」「3年先に実現したとすると、5年先にはどうなっているだろうか」と質問しながら、時間と共に会社がより良くなるイメージを膨らませます。

　方針を時系列で分解し具体的にすると、経営者の頭の中の解像度はさらに上がります。特に重要なのが、1年目と3年目の方針で、1年先は短期目標、3年先は中期目標として置くことになります。私の経験では、この短期目標と中期目標のイメージを持てていると、組織は安心して動けるようになります。また、**方針の中には「目標数字」**も入れます。先の例で私は、コンサルタントに「短期、中期の売上利益のイメージを聞かせていただけませんか」と質問しまし

たが、その続きを話すならばこうなります。

「例えば、3年後に売上1億円を目指すとすると、1年後の売上は3000万円くらいでしょうか。すると、この500円の商品を5000人の顧客に月1回買ってもらうイメージでしょうか」「利益は1000万円を目指したいところです。原価率を30%に設定し、事業は2名でスタートすると経費と合わせて2000万円以内に収めるイメージでしょうか」と直感と数字の分解を行いながら、具体的な数字のイメージを一緒に作り上げるのです。**目標数字が抜けてしまうと、実行段階で目標がぼやけてしまい、検証段階で結果との比較ができません。**

　まだやったことのないことに対して数字をイメージするのは難しいものですが、経営者としては絶対に持っておくべき感覚です。損益計算書の簡易版を作るつもりでチャレンジしてください。

方針の構造

	1年	2年	3年
実現する世界観	☑ こんな顧客へ ☑ こういう価値を提供し ☑ こういう状態を実現したい		
売上利益	☑ 売上は3000万円 ☑ 利益は1000万円		

▲短期目標　　　　　　　　　　　　　　　　▲中期目標

時間軸を持たせて未来を感じさせるストーリーにする

07

方針を決定する
会議の進め方

分析資料ばかり厚くなり目指す姿が見えない会議

　ある上場企業の中期経営計画のプロジェクトに入っていた時のことです。会議では、次世代を担うメンバーが中心となって市場分析やSWOT分析に始まり、狙うべき市場の特定、競合他社との差別化、課題と施策の抽出、３カ年の収益計画を３カ月でまとめるスケジュールを組んでいました。

　プロジェクトが始まるとメンバーは必死に資料を作っていましたが、そこからはワクワクするような目指す姿のイメージが一向に見えてきませんでした。

　私は、プロジェクトリーダーに「どのような顧客に、どういう価値を提供し、どんな世界を実現したいかのイメージを膨らませる議論をしませんか」と提案しました。

　私は推進役として、「これまで集めた情報や行った分析も参考にしながら、目指す姿のイメージを聞かせてください」とメンバーに伝えると、堰を切ったように様々なイメージを話し始めました。

　私はホワイトボードにイメージをまとめ、「これを経営層へ通す資料を作りませんか」と提案すると全員同意しました。

　そして、資料のストーリーのイメージを共有し、残りの会議で何を決めるのかをすり合わせました。すると、メンバーの一人が

「これまでがむしゃらにやってきましたが、何を、どのような進め方で作るのかイメージできて安心しました」と言いました。

■▶ 全体のストーリーをイメージしてから会議を進める

　方針段階では考えがモヤモヤしていることが多く、やみくもに話しているといつまでたっても考えはまとまりません。

　そこで、先の例では「経営計画作成の教科書に書いてあるような項目に沿って考える」をプロジェクトメンバーは選択したわけですが、それでは面白いストーリーにはなりません。

　私がお勧めするのは、**全体のストーリーをイメージしてから会議を進める方法**です。

　例えば、初回の会議で全体の資料の構成をイメージしながら、実現する世界観と目標とする数字のイメージを膨らませます。資料の構成イメージは手書きでOKです。

　2回目の会議ではイメージが弱い部分に絞って解像度を上げ、3回目の会議で全体のストーリーにおかしな点はないか、解像度が低い部分が残っていないかなどを確認しながら、ストーリー全体の強度を上げます。

　最後の会議では、冷静に方針を見返し「本当に実現すべき世界観と目標数字はこれでいいのか」と厳しく問いながら方針を決定します。

　会議を週1回ペースで4回実施するとして、方針は1カ月を目安にまとめます。

なんらかの事情で会議の回数が増える、会議の間隔が空いたとしても2週間以内、最大2カ月でまとめるようにしましょう。それ以上かかるようであれば、方針の方向性を考え直すか、いったん方針を考えることを中止してください。

　推進役は、各会議の終わりに必ず次の会議までに行う宿題と、次の会議日程を決めます。経営者やリーダーからの「考えがまとまったら連絡します」という言葉に安易に乗ってはならず、方針をまとめ上げるゴールに向けて「いったん、来週のこの時間に予定しておいて、都合が悪くなれば再調整しましょう」と伝え、**相手の思考を先へ進めるように会議をあらかじめ設定しペースメーク**しましょう。

方 針 を 決 め る 会 議 の 進 め 方 例

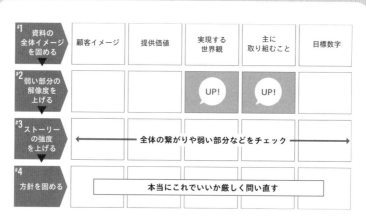

**方針は週1ペースの会議で、
1カ月を目安に完成させる**

方針を企画へ
繋げるためのポイント

CASE 17

説明ベタな社長と進まない企画

　ある人材系サービスの企業で、行政向けの人材派遣事業を立ち上げるプロジェクトを支援した時のことです。事前に私とディスカッションして方針を固めた社長は、部長を呼び出し「このような事業を始めたいと思うので、具体的な企画を考えてほしい」と指示しました。

　その後、部長から私に「社長からこのような話を聞いたのですが、何をすればいいのかわからず、もう少し詳しく話を聞かせてもらえませんか」と電話がありました。その理由を聞いてみると、「社長はいつも手短に話し、『後はよろしく』と言って従業員に振るのですが、私たちは社長が何をしたいのか、何を期待しているのか、いつまでに何をすればいいのかわからず、結局現業に追われてしまい手つかずでウヤムヤになってしまいます」と部長は悩みを打ち明けました。

　翌日、私は直接部長へ方針の詳細を伝えた上で、企画で考えるべき内容を整理しながら、社長とすり合わせるべきポイントとタイミングを確認し、企画検討の進め方を決めました。

　部長は晴れやかな表情になり、「ここまでクリアになれば、企画を具体的に進めることができそうです」と答えました。

▶ 頭から頭へイメージを渡す

　10名以上の規模の企業では、方針段階から企画段階へと進む際に考える人が変わります。

　方針から企画のイメージのバトンリレーがうまくいかないと、企画の走者はバトンを受け取れず思考が止まります。そうならないよう、企画を考える人がワクワクできるように方針のイメージを伝え、企画に集中できるように頭の中のイメージをすり合わせます。

　ちなみに私の場合は、

> ①方針の伝え方：想いは熱く、目指す姿は面白く、目標数字は高く
> ②企画の依頼の仕方：アウトプットイメージを紙やホワイトボードに描く
> ③進め方の目線合わせ：期限と会議の回数、各会議で決める内容を示す

ことですり合わせるようにしています。
では詳しく一つずつ見ていくことにしましょう。

▶ ①方針の伝え方

　まずは、**企画するメンバーが「それやってみたい！」と思えるように伝える**ことがポイントです。

　相手の頭の中でイメージが膨らむように、「こういう顧客にこん

な価値を提供することで、顧客はこんなふうに感動してくれると思っている」や「これができると、会社や社会はこう変わる」、「これに取り組むことによって、あなたにこのように成長してもらいたい」などと未来や夢を感じさせるようにイメージを伝えます。

一方的に伝えるだけではなく、「イメージは持てた？」や「あなたなりのイメージを聞かせてほしい」と相手の頭の中からイメージを引き出すことも忘れないようにしましょう。

この時、くれぐれも、**「こうしたい、ああしたい」と自分中心の視点で語らないように注意**してください。いつまでたっても相手は自分事化できません。

②企画の依頼の仕方

次に、方針の時と同様に、**大雑把でいいので企画のイメージを絵に起こします**。例えば、企画書を想定するなら、各ページの中身を考えます。

絵にするのが難しければ、企画で考えるポイントを提示するだけでもいいでしょう。

大事なのは、相手の頭に企画のイメージを持ってもらうこと。伝えた後に、「企画のイメージは湧きましたか」と聞き返し、イメージがしづらい点に絞って細かく伝えるとより丁寧です。

③進め方の目線合わせ

最後に、**企画が全てでき上がるのを待つのではなく、段階的に解像度を上げる進め方**を心がけましょう。

例えば、商品企画であれば、「まず、対象とする顧客と提供すべき具体的な価値を決め、次に商品のサンプルイメージを固め、そして3〜4回の試作品から商品の仕様を決めて、最後に原価と売価を確定させるのはどうでしょう」という具合です。

　それを2カ月で終わらせるとしたら、

「最も時間がかかる商品仕様の確定を1カ月とって週1回の会議で4回、サンプルイメージを固めるのを3週間で週1×3回、最後の1週で原価と売価を詰めるイメージで進めてみましょうか」

　となります。

　このように**会議の回数と実施タイミング設定しておく**と、それをペースメーカーとしてテンポよく進めることができます。

企画するメンバーに方針を伝える際のポイント

方針の伝え方	想いは熱く、目指す姿は面白く、目標数字は高く
企画の依頼の仕方	アウトプットのイメージを紙やホワイトボードに描く
進め方の目線合わせ	期限と会議の回数、各会議で決める内容を示す

伝える相手からイメージを引き出すことも忘れずに！

会議では企画を考え出せる「頭脳」を集める

CASE 18

アイデアも出さず批判するだけのメンバー

　あるインテリアメーカーの新商品企画のプロジェクトを支援した時のことです。

　その企業の役員から「企画未経験の社員でプロジェクトを進めることになり、そのサポートをお願いしたい」と依頼がありました。私は「アウトプットする能力はありますか」と聞くと、役員は「正直厳しいと思いますが、人材育成だと思ってお願いしたい」と言いました。私は「1カ月サポートしてから継続を判断させてほしい」と条件を伝え、役員は了承しました。

　実際にメンバーとプロジェクトを始めると、私に「企画はどうしたらいいでしょう？」とすがり、素案を出すと「何かイメージが違う」と批判するだけでよりよいアイデアを出そうとしません。会議終了後に指示をした宿題は、他の仕事が忙しくできなかったと言い訳をしました。

　私はメンバーへ「これでは企画はできないと思います。このままプロジェクトを続けますか？」と聞くと、「私たちではムリだと思います」と答えました。私は役員へ彼らの考えと共に、メンバーの総入れ替えを申し入れました。役員は申し訳なさそうに「初めからそうしておけば良かったと反省しています。社内で調整し適した人材を集めるようにします」と言いました。

➡ 直感だけで人選してはいけない

　顧客を創造することは、会社の未来を創る重要な仕事です。

　それを、手の空いている人や身近で使える人に任せること自体大きな間違いです。もっと言えば、それは単なるギャンブルです。

　家を建てる時、作ったことがない素人に依頼したらどんな未来が待っているでしょう？

　それと同じで「よりよい未来」を本気で実現したければ、考え出せる頭脳を持った人を集めるべきです。

　人選は、方針を考える人が推進役と相談しながら決めていきます。ポイントは、方針で描いた目指す姿から逆算し、その世界観に共感しアウトプットできる頭脳を集めることです。

「現実解に引っ張られることなく、目指す姿を実現する理想的で面白い企画を考えられそうな人は誰か」
「発想や技術、人的ネットワークなどを駆使して現実解を考え出せそうな人は誰か」

　などと問い、その人材が考え出せるアウトプットを具体的にイメージしながら、適した人材の選定を行います。

　考えることを楽しんでくれそうか、お互いの相性はどうか、といった観点も大事です。

「彼らならなんとかなりそう」と直感だけで動かないようにしてください。直感は大事ですが、答えを出せそうかどうか必ず検証するようにしましょう。

また、人選の注意点として「彼は忙しいからやめておこう」と必要な人の起用を避けることや、「彼女はアウトプットできそうだが、気難しいから起用は避けよう」と**気分や感情に左右されない**ようにしましょう。

　必要な人が忙しければ、現業の調整や顧客の創造にかける工数を工夫します。また、なんでもかんでも仕事ができる人に任せるのは絶対にダメです。本当に使いたい時に使えなくなります。

　加えて**「人材が確保できてから、顧客の創造に挑戦しよう」という考えがあれば、それは捨ててください**。そのような考えを持っている限り、顧客創造はいつまでもできず、会社の未来は時間と共に先細りします。

　いなければ探せばいいだけの話です。私の経験上、手を尽くせば必ず見つかります。

▪▶ 人選の理由を本人にしっかり説明する

　選んだ人材には、オリエンテーションやキックオフの場で方針イメージを伝えると共に、**人選の理由をしっかり伝えます**。そうすることで、選ばれた人材は企画を押し付けられたものではなく、自分事として認識します。

　普段、「これを頼みたいがやってもらえないか」という仕事の依頼をしている人ほど、この人選の説明が抜け落ちます。

　そうなると、メンバーはモヤモヤしながら、「社長は何を期待しているのだろうか？」と答え合わせや忖度が始まります。

「このような方針で、思い切って面白い企画を考えてもらいたい」

「これを考える役割はあなたが最適だと考えている」

　といったことを丁寧に伝えましょう。

　加えて「あなたは自分が貢献しているイメージを持てますか」と相手のイメージを引き出すことも忘れないようにしましょう。

■▶ 選ぶ人数は役割によって違う

　人数については、**理想脳を1名**選定します。

　複数人いると「船頭多くして船山に上る」となり企画がまとまりません。**推進脳も原則1名**です。

　現実脳は、企画実行に必要な機能（例えば、製造や営業、広報など）ごとに1名ずつ選抜しますが**最大3名**が目安です。それを超える場合は必要最小限の機能に絞りましょう。

　機能が多岐にわたる場合は、**機能ごとに分科会を設けるなどして少人数でディスカッションできる状態を作ります**。

　現実脳を選ぶ際に起こりがちなのが、例えば営業で上司と部下がセットになって会議に出てくるといった「1機能1名」の原則です。これは無視してください。

　機能が重複すると意見がまとまらない、責任の所在が不明確になるといったことが起こり、メンバーを混乱させる要因の一つになります。また、大手企業では、上司が忙しく、代わりに部下を会議に参加させることがありますが、私が推進役をするプロジェクトでは基本的にお断りしています。

　少し厳しい言い方になりますが、**求めるアウトプットができない人は参加すべきではありません**。ただし、人材育成等の観点から、

どうしても参加させたいメンバーがいる場合は、オブザーバー（会議の見学者）として参加を認めていますが最大3名に収めるようにしています。

企画会議は3 〜 5名を目安に

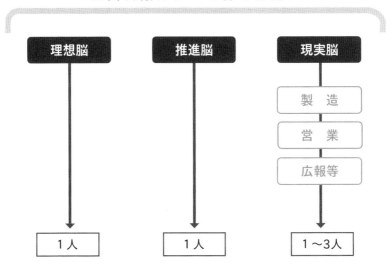

理想脳	推進脳	現実脳
		製　造
		営　業
		広報等
1人	1人	1〜3人

**これ以上の人数になる場合は
分科会などで「会議を分ける」**

企画段階のディスカッションを
マネジメントする

メンバーの意見を聞くもののまとめられないリーダー

　ある大手メーカーの商品企画会議に参加した時のことです。企画プロジェクトのリーダーは「自由に意見を出して、メンバー全員でよりよい企画を作り上げよう」と言って、メンバー一人一人の意見を聞き始めました。すると、「こんな顧客をターゲットにしてはどうだろう」「価格は高すぎないか」「この商品のウリって何?」と、様々な意見が出て収拾がつかなくなり、リーダーは「今日のみなさんの意見を踏まえて、一度考えを整理します」と伝え、会議を終えました。

　後日、私とリーダーで顧客と提供価値の素案をまとめている時に、リーダーから「前回の会議では発散してしまい、話の進め方がわからなくなってしまいました。あの時、どうすれば良かったのでしょうか」と聞かれたので、私は「まず、最初に決めるべきこと、例えば、顧客と提供価値に絞るべきでした」と伝えると、「先に全員の考えを聞いておくべきだと思い込んでいました」と話しました。

　次の会議では、顧客と提供価値に絞ってディスカッションを行ったところ、メンバーから面白いアイデアが提案され、より具体的で納得感あるイメージに仕上がりました。

⬛▶ ディスカッションに順序をつける

　多くの日本人は、ディスカッションに苦手意識を持っています。私も以前はそうでした。どこが苦手かと言うと、ディスカッションに順序をつけられない点です。言い換えれば、<u>企画全体を決めるために、何をどの順序でディスカッションすればスムーズに決まるのかをイメージできない</u>のです。

　ディスカッションの順序を考えるには、

①何と、何と、何が決まれば、企画は決まるのか
②何をどの順序で決めると、スムーズに決まるか
③各回の会議では、どこをゴールにどう進めるか

のイメージを持っておく必要があります。

　①は、商品企画を例にあげると、124ページでも紹介した「顧客（Who）」「提供価値（What）」「提供理由（Why）」「提供場所（Where）」「提供時期・時間帯等（When）」「提供方法（How）」に加え「提供価格（Price）」を決めます。これが決まると、次に商品の製造や販売、プロモーション等を考えることになります。

　②は、①で上げた要素をどれから順に決めていくとスムーズに決まるかを考えるわけですが、ポイントは解像度の高い要素から先に決めることです。例えば、価格弾力性の低い商品であれば先におおよその価格を決め、販売場所がEC（電子商取引）だけならそれを前提条件として他の要素を決めるといった具合です。イメージができない要素を考え続けても何も生まれません。イメージできる要素

を手掛かりに、その周辺要素のイメージを膨らませます。

　先に決めた要素は、他の要素を決めていく過程で変わることがありますので、方針同様「絶対」ではないことに注意してください。

　③は、②の各要素を具体化するディスカッションのイメージを持っておきます。それには、推進役が結論とそこに至るまでの思考の流れをイメージしておくことが大事です。提供価格であれば、「結論は150円かな。なぜなら、同カテゴリの価格帯が100円〜150円で、それらと比べると付加価値は高いだろう。また、30％の利益率は確保したい」と事前に考え、会議に臨みます。これがあると、ディスカッションをリードしやすくなり、メンバーから考えを引き出しやすくなります。解像度の低い部分（例えば、原価や販管費の算出が難しく利益率がわからないなど）があれば、仮でいいので「30％の利益率」と置いて全体イメージを持つようにします。

推進役はディスカッションのイメージを持つ

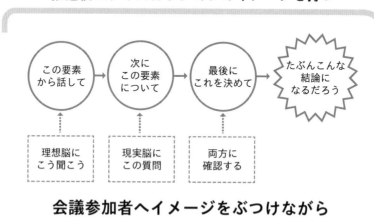

この要素から話して → 次にこの要素について → 最後にこれを決めて → たぶんこんな結論になるだろう

理想脳にこう聞こう　現実脳にこの質問　両方に確認する

**会議参加者へイメージをぶつけながら
解像度を上げる**

企画会議を進める時の
ポイント

CASE 20

半年以上検討しているのになぜか決まらない企画

　あるメーカーの商品企画プロジェクトを支援した時のことです。社長から「半年以上検討しているが企画がまとまらない」と相談がありました。よくよく話を聞くと「期限は決めているが、リーダーが関係部署との調整に難航し数回リスケジュールしている」とのことでした。

　リーダーに会ってスケジュールを見せてもらうと、期限ややるべきことは書かれていますが、肝心の決める会議が設定されていません。そこで、期限から逆算して「ここではこれを決める」と会議を設定し、「この部署とこの内容を議論する」とスケジュールに記入しました。

　それに沿ってリーダーと素案を作り各部門とディスカッションを進めていくと、「そこまでに決めるには、これをしておかなければ」や「ここで決めるのは難しいので、予定を少しずらせないか」と具体的な調整が進み、関係部署が会議を中心に動き始めました。

　その後、多少のスケジュールの前後はあったものの、概ね当初決めたスケジュールで商品は固まり、社長の期待を上回る期間でプロジェクトは完了しました。

■▶ 会議を中心にして人を動かす

　企画段階では方針段階と比べ、具体化しなければならないこと、決めなければならないことが格段に増えます。

　また関わる人も多くなるため、一つ一つの要素を順番に片づけようとするとあっという間に時間は過ぎていきます。

　企画段階の会議を進める際は、そうならないよう、企画を終わらせる期限から逆算し、いつ頃までに何を決めるかイメージしていきます。日々の仕事をやりながらだと、企画をまとめる期限としては経験上２カ月前後が一つの目安になります。それ以上になると、頭でっかちになり、またメンバーにも疲労感が出てきます。

　私は企画の会議設計をする際、「この日に終わらせるには、この週にこれを決め、次の週にこれを、そして……」と口に出しながら、会議全体の進行をイメージするようにしています。なぜなら全体の進行イメージを持てていないと途中で破たんする恐れがあるからです。これは進行中の時も同じです。全体の進行イメージをメンバーや関連部門とすり合わせながら会議を設定していきます。始めから全ての会議日程を決めてしまうのもアリですが、ポイントは「この辺りにこれを決める会議をしたい」という認識を全員に持ってもらうことです。

　全体のイメージはもちろんのこと、各会議の終わりに「次はこの辺りの日程でこれを決めたい」と細かく認識を合わせることも重要です。くれぐれもタスクを分解し、担当者と作業工程を割り振ったガントチャートのようなものは作らないようにしてください。

　絶対にその通りにはいかず、頻繁にアップデートする手間が生じ、

しかも誰もきちんと読んでくれません。当然、進行上の大きな変更があれば、全体を見直しメンバーとすり合わせます。

　会議の参加者が増えると、人の都合で日時変更が頻繁に起こります。変更は仕方ありませんが、相手に「ここしか空いていない」と言われても「どこで決めないと期限に間に合わないか」と自問自答し、「ここまでには会議しておきたい」と焦点を相手の都合ではなく期限に合わせましょう。相手の言いなりになっていると期限内に終わりません。

　一方で、相手の状況を無視したスケジューリングもよろしくありません。相手が「頑張ればできる」ギリギリのラインを狙った会議をデザインしましょう。

企画を決める会議の進め方例

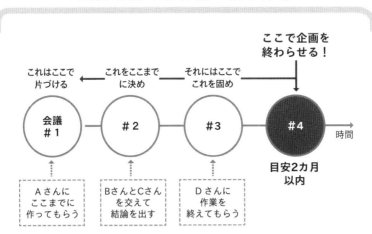

ここで企画を
終わらせる！

これはここで
片づける　　これをここまで
に決め　　それにはここで
これを固め

会議
#1　　#2　　#3　　#4　　時間

目安2カ月
以内

Aさんに
ここまでに
作ってもらう

BさんとCさん
を交えて
結論を出す

Dさんに
作業を
終えてもらう

**強い意志で期限と会議を設定し、
会議に人を巻き込む**

日本の会議から顧客創造が消えた理由

■▶ 成長がもたらすルーティンワークという弊害

　創業間もないベンチャー企業の社長と会食した際、「毎晩遅くまでみんなで話し合い、様々なことに挑戦しています」と楽しそうに話していました。

　10数年後、企業は急成長し、組織も大きくなりましたが、社長から「従業員は決められた仕事をキッチリこなすが、創業当時の活気はなくなり、新しい事業が生まれず困っています」と相談を受けました。

　どの企業でも、創業期には活気があり挑戦的で面白いことをしていたはずなのに、ある程度成長するとこのベンチャー企業と同じような状況に陥ります。

　これが「ルーティンワーク症候群」です。

　例えば、恋人同士の付き合い始めは「今度ディズニーランドへ行ってみよう！」や「次の週末は映画を観て、その後話題のお店で食事しない？」と想像は膨らみ、話が尽きることはありません。しかし、行動パターンが固定化してしまうと「またこの店でいいよ」とかつてのようなワクワク感は消えてしまいます。

　同様に、新入社員として入社した時には先輩がいろいろ教えてく

れる、同僚と未来を語り合う、担当した顧客から新しい仕事の相談を持ち掛けられるなど、ワクワク感に溢れています。

しかし、業務に慣れてくると、仕事における新鮮味は欠け、問題点や人の挙動が目につくようになります。

▶仕事をこなす→アイデアはしぼむ

ルーティンワーク主体の仕事を続けていると、仕事を要領よくこなすことが目的化し、それ以外のことをしようとする意欲は低下します。そして、仕事の先にいる顧客の顔が見えなくなります。

組織全体がルーティンワーク症候群に陥ると、いざ新しいことをしようとしてもストップがかかる、様々な条件を突きつけられる、周囲から批判されるといったことが起こり、せっかく生まれたアイデアはしぼんでしまいます。

それに嫌気がさして、会社を辞めて起業する人も増えています。

戦後の日本で創業した多くの企業では、目指す姿の実現に向けて本音でディスカッションし、世界をアッと言わせるものを次々に生み出しました。それから70年以上が経ち、多くの日本企業はルーティンワークに慣れ切ってしまいました。

これこそが、日本の会議から顧客創造が消えた理由であると私は考えています。

では、一度ルーティンワークに染まってしまった人や組織は変われるのでしょうか?

新たな人材の雇用や、評価制度の見直し、組織人事の変更、経営

理念の整備等の施策によって、人が感動するような商品や事業を生み出すディスカッションは組織に生まれるのでしょうか？

　この問いに対する唯一の解は、「顧客創造にチャレンジする」ことしかありません。

ルーティンワーク症候群に陥った組織

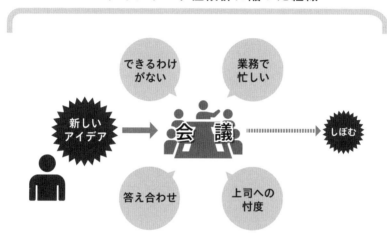

顧客創造へのチャレンジから組織を変革しよう！

第4章

顧客を創造する会議
（実行・検証・改善編）

成果を上げるために
実行する

「いつも通り」で商品の良さを伝えられないPR

．．

　ある玩具メーカーの新商品PRを支援していた時のことです。

　PR部門はいつも通り、決まったメディアへ決まったリリースを送付していました。

　結果は、100社中3社で小さく記事になった程度でした。私は新商品の可能性から考えると、もっとメディアで取り上げられてもいいのではと思い、「せっかくいい商品なのだから、もっと面白く取り上げてもらいたいと思いませんか」とメンバーに聞きました。

　すると「私たちもできればそうしたいのですが、どうしていいかわからず……」と言うので、「メディアの人にワクワクしてもらえるような目指す姿をイメージしませんか」と提案しました。

　メンバーとイメージを膨らませるディスカッションをすると、実際に子どもたちが玩具で楽しく遊ぶシーンがユニークだという話になり、いろいろな角度から子どもたちが遊ぶ姿とそれを楽しむ両親を撮影し、インタビューもつけた1分程度のビデオにする企画案がまとまりました。

　後日、SNSで流すと瞬く間に拡散し、それを見た親子から商品の問い合わせが殺到しました。

■▶ 組織に成果を上げさせる

実際に商品を発売する、PRするといった実行段階になると、「こうする」や「ああしよう」とアクションは明確でイメージしやすくなります。

しかし、少しでも気を抜くと通常の業務として処理してしまいがちです。それでは会議で何時間も使って生み出した新商品や新規事業のワクワク感は、メディアや流通など顧客に影響を及ぼす人には伝わりません。

Web制作やプロモーションで社外を利用する場合も同様です。会議に関わった人以外の人にもワクワクするイメージを持って動いてもらえるように実行しなければ、狙った成果は上げられません。

そこでキーになるのが推進役です。
推進役は実行する人たちに寄り添って、方針や企画で考えられたことが実現するまで、関わる人の頭を動かします。

例えば、通常業務として処理されそうになったら目指す姿を一緒に描きそこから実行すべきことを導き出します。

また、実行している人が途中で迷ったり悩んだりした時には相談に乗り、地図を広げて一緒に考え実行すべき方向を見つけます。

先の例のように、社外へ出す資料の内容に問題がある時には、ディスカッションしながら資料の精度を上げていきます。

第1章で、推進役は組織に成果を上げさせる役とお話しましたが、実行する人たちが成果を上げられるよう目配せし、彼らの行動が成果に繋がるように共に考えていくことで組織に成果をもたらします。

組織図がしっかりしている企業ほど、推進役が不在になりがちで、実行段階で失敗する確率は高くなります。

　推進役として、プロジェクトマネジャーを置く場合もありますが、部門意識が強い組織であれば部門に踏みこむことに感情的になり実行が進みません。

　そういうケースでも私は気にせず、プロジェクトマネジャーと共にどんどん会議に巻き込むようにしています。

　なぜなら、**組織に成果を上げさせることが推進役としての私の仕事**だからです。

実行段階における推進役の役割

推進役は実行に寄り添い、成果にコミットする
（相手に任せきりにせず、一緒に実現する）

実行段階は木と森を見て行動に移す

「木を見て森を見ず」で決まるものも決まらない現場

　ある企業間の事業提携を支援していた時のことです。

　一方の企業の役員から「両社の役員間では提携の方向性について合意は取れているが、現場同士の協議が難航しているので助けてもらえないか」と依頼を受けました。

　私は、さっそく現場担当者同士の会議に参加すると、「この点については御社の業務範囲ではないか」や「ここは弊社として譲れない」と両社で目指す姿を見ないまま細かなやり取りに終始していました。

　私の経験上、森を見ず木ばかり見ていると決まるものも決まらないと思い、双方膠着状態になったところを見計らい「そもそも、この事業提携を通じて実現する世界はどのようなイメージか教えていただけませんか」と質問し、双方のイメージを引き出しながらホワイトボードにまとめると、ある一枚の絵が浮かび上がりました。

　私は「これを実現するために、両社で何をすべきか聞かせてください」と質問し、意見をひとしきり整理した後、「これを契約書に盛り込めばいいのではないでしょうか」と言うと、双方納得し契約内容はまとまりました。

■▶ 会議の地図を携えて行動する

　野球の大谷翔平選手が高校時代に、目標を中央に書いてその周辺に目標達成のために取り組む要素や具体的なアクションをまとめた「マンダラチャート」を作成したのは有名な話です。彼は目標として、ドラフト1位で8球団から指名される自分をイメージし、体づくりやコントロール、メンタル、人間性等9つの要素を書き出し、それに紐づく具体的なアクションイメージを設定していました。例えば「あいさつ」というアクションは「運」を鍛え、ドラフト1位指名を受けるという目標実現のためにしていました。

　新商品や新規事業も同様で、**細かいアクションをする際は「実現する世界観は何だったか」「目標は何だったのか」を問い直す**ことで、迷いや間違いを防ぐだけではなく自信を持って行動することができるようになります。

木 と 森 を 見 て 行 動

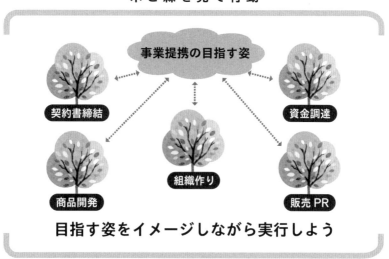

事業提携の目指す姿

契約書締結　　資金調達

組織作り

商品開発　　販売 PR

目指す姿をイメージしながら実行しよう

実行段階のディスカッションをマネジメントする

CASE 23

売り込んでいるのに相手の気持ちが遠のいていく

　あるメーカーで新商品を発売し、営業は小売店のバイヤーへ商品スペックや特徴、他社との違いなど一般的な商品説明をしていました。しかし、なかなか取り扱う店舗が決まりません。

　私は、営業担当者に「正直、その説明では自分が店舗の人間だとすると商品を置きたいと思えません」と伝えました。

　すると「売り込もうと説明すればするほど、相手の気持ちが遠のいていくのがわかります。相手がワクワクできるように伝えたいのですが……」と答えました。

　私は「それをしましょう！」と言い、店舗のバイヤーが商品を置いた時のイメージが膨らむようなストーリーを営業と一緒に考えました。

　後日、営業は「どうして私たちがこの商品を作ったのか、そして誰にどのような価値を届けることで、どんな世界を実現しようとしているのか5分ほどお話をさせてください」と伝え、相手の頭の中にイメージが湧くように話したそうです。

　そのバイヤーは「面白い話を聞かせていただきました。話を伺っているうちに、商品を置く場所や、商品アピールのイメージが膨らみました」と言ってその商品は採用されました。

■▶ 売り込む相手を自然と動きたくなる頭にする

　実行段階になると、成果を上げなければという使命感から売り込み、強引に相手を動かそうとしがちです。

　しかし、それでは相手の「頭」と「心」は動きません。

　では、どうすればいいのか？

　それは、方針や企画段階で考え出したワクワクする世界観やアイデアを共有し、一緒に実現するイメージを膨らませることによって、**相手に自分事化してもらい「自然と動きたくなる頭」**にすればいいのです。

　その時のポイントは大きく3つあります。

■▶ ポイント① 自分の頭の中をワクワクさせる

　当たり前の話ですが、**考え出した商品や事業を自分たちが面白がらないと、相手をワクワクさせることは絶対にできません**。

　そのために、企画段階から一緒に面白いことを考えるわけで、そこで他人事だったりすると実行段階で「考えたことを正確に伝えなくては」や「相手を説得してウンと言わせなければ」という他人事モードで突入してしまいます。

　このような状態で商談に臨むと、相手は売り込みを防御する「警戒モード」に入ります。

■▶ ポイント② 相手の頭にワクワクをインストールする

　相手の立場に立って、「何を」「どのような順序で」「どう伝えて

いく」と面白がってイメージしてもらえそうか事前にシミュレーションします。

そのイメージトレーニングなしで相手に突っ込まないでください。**参考にしていただきたいのが、「テレビショッピング」**です。テレビショッピングは、画面の向こうにいる人の頭の中にワクワクするイメージを描く様々な工夫を凝らしています。

ジャパネットたかたの創業者である高田明氏は、「ビデオカメラを売る時、ほとんどの人はお子さんを撮りましょうと言いますが、私は将来お子さんが自分の小さい時の記録や運動会の姿を見て喜ぶ姿を見たくありませんか、と伝えています」とあるテレビ番組の取材で話されていました。

相手が「それはやってみたい」とイメージできる上手い伝え方だなと思いました。

■▶ ポイント③ 一緒に実現するイメージを膨らませる

②で相手の頭にワクワクするイメージをインストールできたら、例えばスーパーの売り場であれば具体的に商品を陳列しているシーンを紙に描きながら「ここに置いてはどうでしょう」や「こんなポップをつけると顧客の目を引くのでは」と具体的な実行イメージを出し合い実現している状態を想像します。

相手が発想豊かな人なら、相手のアイデアに乗っかり、より面白いアイデアを考えればいいですが、ノリの悪い相手の場合には「どんなイメージか聞かせてください」と考えるスイッチを入れる工夫をします。**心がけてほしいのは「相手よりも面白いことを思いつく」**ことです。

人は、面白いことを思いつける人と一緒に仕事をしたくなるものです。

大きな組織になると、**企画段階で現実脳だった人が実行段階で理想脳となり、各部署のメンバーを現実脳として動かすことになります**。

たとえ企画段階で保守的な現実脳だったとしても、実行段階で理想脳になった人はワクワクするイメージを膨らませて、現実脳のメンバーに対して①〜③を行い、ワクワクの灯を絶やさないようにしましょう。

実行段階でワクワクの灯を絶やさない

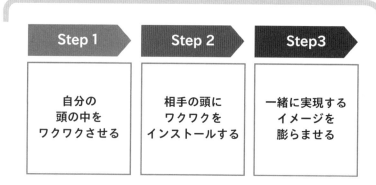

管理ではなく、実行するために会議を使う

行動を管理するための会議からは何も生まれない

　私がベンチャー企業で働いていた時のことです。社長は従業員の行動を管理しようと、日報を書かせ、事あるごとに報告を求める人でした。私の仕事は、クライアント企業と新しい事業を作る仕事であり、進捗は週や月単位になることもありました。私は必要なタイミングで社長へ相談・報告をすることにし、売上を作ることに集中しました。

　社長は知人のコンサルタントと相談し「週１回の報告会を実施する」と言い出しました。目的は、営業成績の上がらない従業員の行動管理を行うことでした。私は「社長は管理することではなく、組織に成果を上げさせるよう思考をリードすべきだ」と言いましたが、報告会は強行されました。結果は全く売上に繋がりませんでした。

　社長はますます焦り、従業員一人一人に頻繁に電話をかけ、何をしているのかチェックするようになりました。私は我慢しきれず、「社長とイメージを膨らませるディスカッションができるならいくらでもお話しますが、それができないならそっとしておいてください」と言いました。

　それでも社長は変わらず、多くの仲間がその会社を去りました。

▐▶ 会議は「正しく実行する」ために使うもの

　私はこれまでいろいろな企業を見てきましたが、顧客の創造において従業員の行動を管理することで成功している企業を見たことがありません。特に「報告会」「検討会議」と名の付く会議が上手く機能している企業は1社もありませんでした。

　新しいことにチャレンジする時に必要なことは、どうしたらいいか迷っている時の相談やアドバイス、そしてこれまでしたことのないテスト販売や営業の実行イメージなどを一緒に描くディスカッションです。

　実行段階では形式的な会議は不要で、推進役が動いている人たちのその時々の状況と進み具合を見ながら、例えば「特定の企業へ提案する資料を作る」と会議の目的を決め、必要最小限の人を集めてイメージを固めます。
　文字ベースや簡単な資料で事足りる場合は、わざわざ会議を行わずメールやチャットなどで済ませ、メンバーが考える、行動することを優先します。

　会議を設定するタイミングとしては、実行イメージの解像度が低いもしくはイメージしていたこととズレてきている時に行うといいでしょう。
　私は、実行後のメンバーに「どうしたらいいか悩んだら気軽に相談してください」「作った資料に自信がなければチェックしてフィードバックします」「行き詰ってきたと感じたら、すぐに連絡

をください」と伝えるようにしています。

　そうすると、実行イメージが持てない、自信がない時に相談がくるようになります。

　また、**各方面でチグハグなやり取りが行われ始めたら、即会議を招集しイメージをすり合わせるディスカッションを行う**ようにしています。

実行段階での会議の使い方の例

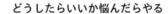

どうしたらいいか悩んだらやる

作った資料に自信がなければやる

行き詰ってきたと感じたらやる

行動を管理するために定例化してはいけない

実行した結果を検証・改善する際のポイント

結果が出ないことをやり続けヒントを見落とす？

　あるアルコール飲料メーカーの新商品開発プロジェクトを支援した時のことです。

　メンバーと何度も試作を繰り返し、顧客の試飲調査も重ね、本当に顧客が美味しいと感じられる商品に仕上がりました。プロジェクトは次の段階に入り、エリアを絞ったテスト販売を行うことになり、営業チームに販売を依頼したところ、彼らは担当地区を割り振り販売先へ提案しました。

　後日、営業チームから「売れた店と売れなかった店がある」「競合品との違いを強く打ち出したほうがいいと思う」「他社よりマージン率を高くすべきだ」といった声が上がりました。

　プロジェクトメンバーは、これらの声を受け止めつつも営業チームに「とにかく1店でも多くの店に採用されるように頑張ってほしい」と伝えました。しかし、採用店数はなかなか伸びず、メンバーと営業チームに疲労感が出始めました。そこで私は、どのような状態が実現できていると店は導入したいと思うでしょうか」と尋ねました。すると、営業チームの一人が「小さい店でもいいので、顧客に飲まれている実績と声があると営業の強い武器になると思うのですが……」と答えました。

▪▶ ダメな結果ほどよく検証すべき

この例では「新商品を販売店へ営業しよう」と実行に入りましたが、思うように商品導入が進みませんでした。

プロジェクトメンバーの中には「とにかく販売店への営業を続けてほしい」という人もいました。しかし、店舗に導入できなければ顧客に商品は届かず当初描いていた「顧客の飲む楽しみを実現する世界」には近づくことはできません。

プロジェクトに関わった私たち全員が「店舗営業すれば入る」と思い込んでいましたが、顧客に支持されている実績が足りないことを学習しました。

そこで、実績作りを優先する活動に切り替えることにしました。具体的には地区単位の店舗営業から新商品に興味を持ちそうな店舗への提案へ切り替えることにしたのです。

営業が持つ店舗リストから1店1店ピックアップし、提案内容も競合との差別化ではなく、商品に込めた想いや開発の経緯、試飲調査での顧客の声などをストーリーにして伝える工夫も行いました。

後日営業から、若い店主の店舗を中心に採用され始めたと報告を受けました。店舗の売上は微々たるものですが、確実に右肩上がりになっていました。

各営業からそれらのデータを集め、「顧客に売れています」とメッセージを添えた資料を作り、導入を見送った店舗へ再度提案しに行ってもらうと、次々に導入が決まりました。

私は、改善のアイデアを出してくれた営業に「あなたのアイデア

のおかげでみんなが成果を上げられています。ありがとうございます」と伝えました。

■▶ 検証と改善で行動をアップデートする

大本営の号令で「売れるまで戻ってくるな！」と言うのは簡単です。しかし、それでは成果を上げさせることを現場へ丸投げするようなものであり、多くの人の努力をムダにしかねません。

私も過去、そのような企業、そのような人を見てきました。それは双方にとって不幸なことでありますが、その不幸は実行結果を検証し学習改善することで解消できるのです。

それを面倒に思って取り組まない企業や、いったん決めたことをやり続けることが美学と勘違いする管理職が日本にはまだまだ多く、そんなことをしていては顧客の創造ができないどころか組織を疲弊させることになりかねません。

また、「やればいいのだろう」と実行することを目的化してもいけません。それは、自ら学習成長する機会を放棄することを意味します。人は活かして使うものであり、成果を上げられるように学習改善できる組織にする必要があります。

それには、推進役が組織を検証に巻き込み、新たな気付きや学びを引き出し、それを活かした改善の方向に導きます。

上司や取引先へ報告するために検証をする人がいますが、それは全くの間違いです。検証は学習するため、よりよい行動へとアップデートするために行うべきものです。

この検証による学習の積み重ねこそ、組織の顧客創造の源泉にな

ると言っても過言ではありません。

　人は失敗から学ぶことで成功への道を見出します。**推進役は、実行結果に対して「この結果から読み取れるものは何か」を考え続け、そこから得られる知見を活かすことで組織に学習と改善をもたらします。**

学習する組織を目指す

学習しない組織	学習する組織
実行することが 目的化し 同じことをやり続ける	検証と改善を 通じて アップデートする
↓	↓
成果は出ない	成果に繋がる

推進役は組織に学習と改善を促す

06

検証・改善のディスカッション をマネジメントする

頑張っているのですが成果が……から何を学ぶ？

　ある食品会社の新商品としておつまみの販売を支援した時のことです。社長から「営業部長に任せているのですが、『営業全員で提案先を広げて頑張っています』と報告を受けるものの売上が上がりません」と相談を受けました。

　後日、営業部長に話を聞くと「扱ってくれそうな飲食店へ出向いて商品紹介をしています」と答えました。

　私は「お店の人はなんと言っているのでしょうか」と質問すると、「この商品を店の利用客へどうアピールすればいいかわからないと言われます」と答えました。

「例えば、商品に合うお酒とセットで提案することや、食べるシーンを具体的に提案してみませんか」と伝え、営業全員でアイデアを出し合ったところ「サワーに一番合うおつまみ」とまとまり、相手がイメージできる資料を作りました。

　営業から「作った資料を基に提案したところ、店側からハイボールと一緒に出すといいかもしれない、と言われテスト採用されました。そのアイデアを他店でも話すと、いくつかの店舗で決まりました」とメールが送られてきました。

➡️ 組織の「学び」「動き」「やる気」を高める

　実行段階のディスカッションでは、ありとあらゆる実行を検討することにあまり意味はなく、どちらかと言えば実行を遅らせることになりかねません。

「今の時点ではこれが最も有効だろう」と思われるやり方で、素早く検証することのほうが重要です。しかしながら、私の経験では初めに考えたプランですんなりとうまく行くことはまずありません。実行してわかったことから学習し、より有効なやり方を見つけ実行するサイクルを何回か繰り返すことによって手ごたえを得られるケースがほとんどです。

　先の例で言えば、営業部長が営業における理想脳で、営業担当者は現実脳、そして社長が推進役として、

【実行に入る時】
部長：「この商品と相性が良さそうな飲食店を数店舗ピックアップして、テスト提案から商品に対する反応を引き出そう」
営業：「店舗をピックアップして直接提案しに行きます」
社長：「まずは、1週間で5店舗提案し、1週間後の同じ時間に検証・改善会議をしよう」

【検証・改善会議①】
部長：「提案した店の話から、店の利用客へのアピールイメージが持てていないようだ。イメージできるようなものを作ってはどうだろうか？」

営業：「私もバーの店主から同じようなことを言われました。彼らはお酒で儲けを出しているので、お酒がすすむ食品には興味を示すのではないでしょうか？」

社長：「では、この商品に最も合うお酒は何だと思いますか？」

部長：「こってりした食品なのでサワー系ではないかと……」

営業：「まずは、個人経営の居酒屋を中心に営業すると良いかもしれません」

社長：「それでは、サワーに一番合うおつまみとして、個人経営の居酒屋へ提案してみよう。10社への提案を目標とし、一週間後の同じ時間に検証・改善会議を開催しよう」

【検証・改善会議②】

営業：「店から『ハイボールと一緒に出すと良さそう』と言われ、採用されました」

社長：「『ハイボールと一緒に出すと良さそう』と言われたわけはなんだと思いますか？」

営業：「甘いサワーよりキリッとしたハイボールが一番合うと話していました」

部長：「なるほど！　それではハイボールに一番合うおつまみとして店に提案しよう」

社長：「他の営業にも共有し全員で提案検証してはどうだろう」

部長・営業：「そうしてみましょう！　1週間で各自10社への提案を目標に動こう」

このように、「やって」「学んで」「新たにやってみる」ことを重ねていきながら、徐々に手ごたえをつかんでいくことで、自信が生

まれ実行・検証・改善のスピードは加速していきます。

　取り組む本人はだんだん面白くなり、モチベーションも高まります。検証と改善のディスカッションは、組織の学びと動き、やる気を高めてくれるありがたいツールなのです。

検証と改善で成果を出す

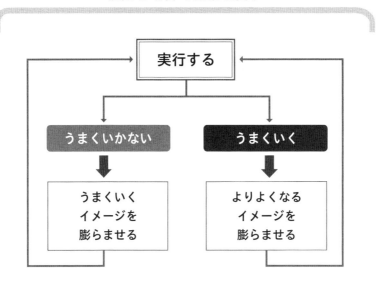

07

検証・改善会議を進める時のポイント

いろいろな取り組みがやりっぱなしのプロジェクト

　あるスタートアップ企業の新サービスプロジェクトを支援した時のことです。サービスの登録者数は目標を大幅に下回り、全員焦り始めていました。私は社長から「この状況を打破できないものか」と相談され、毎週行われているオンラインの定例会議にオブザーバーとして参加することになりました。

　会議では、サービスの追加機能や登録者を増やす施策、日単位の登録者の推移の報告など様々なことが一緒に話されていました。会議終了後、社長へ「取り組みを検証し改善を考える会議を別に行いませんか」と提案しました。

　この提案は通り、後日、会議を開催するとメンバーから「取り組みがやりっぱなしになっている」や「サービス開発に追われていて改善する余裕がない」という声が聞かれました。

　私は「今優先すべきことは、新しい機能を開発することでも、いろいろな取り組みをすることでもありません。これまでしてきたことを振り返り、利用者が増える方向性を見つけることです」と伝えました。それを聞いたメンバーの一人から「このサービスの価値を、顧客になる人へ広めることではないでしょうか」という意見が出て、全員賛同しました。

▐▶ 実行から時間を置かずに検証・改善する

　実行することに追われると「これがダメなら次はこうしよう」と
やってダメなら次のアクションを考えやってみることを続け、最終
的には打ち手が見つからず袋小路に入ってしまうことがあります。
私も実行段階の会議に参加すると「あれもこれもやってみましたが、
うまくいかずどうしていいのかわかりません」と言われることがよ
くあります。このような人に共通するのが、実行と結果を検証し、
より良い結果が得られそうな実行手段を考える検証・改善会議では
なく、アイデアの出し合いの中から良さそうな手段を見つけようと
する会議をしている点です。

　私たちは、ある程度実行が終わった時点で、時間を置かず検証・
改善会議を実施します。鉄は熱いうちに打たないと冷えて固まるの
と同様、人の頭もその時は「こうやってみたけれどうまくいかな
かったのはなぜだろう」と考えても、時間を置くと忘れてしまいま
す。
　会議では実行の検証・改善だけに絞ってディスカッションします。
それ以外の話題を入れないように気を付けましょう。

　会議で次の実行が決まったら、必ず実行の期限と検証・改善会議
の日程を決めましょう。
　例えば、実際の店舗へ行って提案することになれば、1週間以内
を目安に期限を設けその直後に会議を入れるようにします。
　ただし、あまりムリな期限を設けると今の業務に支障が出る恐れ
があるので、メンバーと妥当な期限を決めるようにしましょう。ま

た、メンバーの都合を聞きすぎないことにも注意してください。

▶ 手応えをつかんだら会議は開かず実行を優先

　検証・改善会議は、ある程度手ごたえをつかむことができ、会議の必要性が薄れてくれば開催せず、実行を優先します。メールや電話でできるレベルのものであれば、それで済ませましょう。
　一方で、いつまでも手ごたえをつかめない場合は、方針・企画・実行にズレが生じている可能性があります。
　その場合は、検証・改善会議ではなく全体の地図をチェックする会議を行います。

検証・改善会議の進め方例

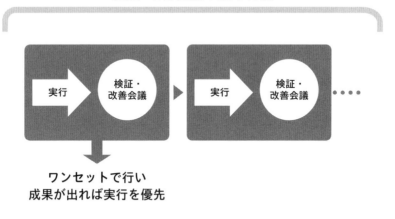

方針・企画・実行にズレが出てきた時の対処法

CASE 28

想定外のヒットで路線変更に悩むリーダー

　あるスナックメーカーで、新商品開発のリーダーをしている知人と話していた時のことです。

　ビジネスパーソンの家飲み需要増加に合わせて、ビールに合うおつまみを販売したところ思ったように売上は伸びませんでした。

　ある時、若年層向けの情報番組で紹介され、瞬く間に学生たちの間で広がりました。想定外の顧客に売れ、知人は顧客をビジネスパーソンにするか学生にするか、それとも両方にすべきか悩んでいました。

　私は、「ちゃんとした理由があるなら、今購入している顧客に集中すべきでは？」と伝えると、知人は「その通りだと思うが、また一から経営層やメンバーへ説明し、方針や企画を考え直さなければならない」と若干苦い表情をしながら言いました。

　私は「それが君の役割だろう」と言うと、彼は吹っ切れた様子で「さっそく、明日話してみる」と言いました。

　後日彼から「経営層やメンバーも顧客の優先順位を変えることに賛成してくれ、大至急方針や企画を練り直すことになった」と連絡がありました。

■▶答えは顧客が持っている

　第3章の「方針は『絶対』ではなく何度変更してもOK」（130ページ）の項目でも触れましたが、実際にやってみると想定とは異なることがよくあります。先の例のように、想定した顧客には売れず想定外の顧客に売れたような場合に、どこをどう調整していけばいいのか悩むことがあります。一番やってはいけないことが、「あれも、これも」と顧客を絞れないことです。

　顧客が変われば、当然方針や企画も変わります。実行が進んでいると、方針や企画まで戻るのは勇気がいることです。

　しかし、**答えは組織の中ではなく顧客が持っています**。答えを返してくれる顧客に出会えたのなら、その次に私たちが取り組むべきことは、そこから学習し顧客の幸せと企業の儲けを両立する道を見つけ出すことです。

　学習と改善に繋げるポイントとしては、

①当初決めた方針・企画にこだわりすぎない
②変えるべき箇所はどこか、事実をもとに総点検する
③変えるべき箇所を決めたら、新しいイメージを作る

ことを、推進役が中心となって行います。

　①は、こだわらないのも問題ですが、こだわりすぎるのも良くありません。重要なことは、**私利私欲を持たず顧客の幸せのために頭を動かすこと**。私利私欲は、方針・企画の書き換えを邪魔します。どこかの国の政治家を見ればおわかりでしょう。世のため人のため、

利他の心を持つよう心がけましょう。

　②は、事実の解釈の仕方が重要になりますが、自分たちが期待したものとは異なる事実を受け入れられない状況に陥ることがあります。例えば、受験の模試で合格判定が出ていたにもかかわらず希望の大学に落ちてしまい、「自分は運が悪かった」や「あの時、両親から言われた言葉に影響を受けた」などと責任転嫁してしまうケースです。

　そういう時こそ、**人のせいにするのではなく、その事実を受け入れて変えるべき箇所はどこか総点検します。**

　ただし、顧客を変える場合は注意が必要です。顧客の中には、たまたま買ってくれたレアなケースと、理由があって買ってくれたケースがあり、レアなケースを「顧客だ」と思いこむと間違った方向へ進みます。**顧客が買ってくれた理由（背景）をしっかりつかむことがポイント**です。

　③は、これまで考えたことに引っ張られず頭と気持ちを切り替えゼロベースで考えます。くれぐれも「戻っている」とは思わないようにしましょう。**「よりよい世界の実現に向けて前進している！」と、前向きな心を持って思い切ってイメージを書き換えましょう。**

▶ 仕事には誠実に向き合う

　最後に「書き換えるのが面倒」「穏便に済ませたい」と仕事に不誠実になることだけは決してしないでください。これをやってしまったら最後、学習と改善の機会は永遠に失われ、あなた自身の成

第**4**章　顧客を創造する会議（実行・検証・改善編）

長だけではなく、組織全体の成長を止めることになります。

　ドラッカーの名言にこうあります。

「真摯さに欠ける者は、組織の文化を破壊し、業績を低下させる」

（『現代の経営』上）

　仕事には誠実に向き合うようにしてください。

顧 客 か ら 学 ぶ

頭の中で考えていた世界	現実で見えてきた世界

目指す姿

方　針

企　画

← 書き換える

顧客の反応

実　行　　　実　行

現　状

こだわりすぎず、勇気を持って書き換える

COLUMN

コストをかければ
売れるなんて世界は幻想

　ある不動産会社の新規事業立ち上げを支援していた時のことです。顧客と提供価値は十分に検討され、いざサービスリリースに向けてサービスサイトを作ることになりました。サイト制作チームでは「これまで通り、それなりに実績のある会社に依頼するべきだ」という意見が多く、過去に取引実績のある制作会社に問い合わせたところ、数百万円の見積もりが出てきました。

　それを上層部に上げたところ「まだ見通しの立たないサービスにそれだけのコストはかけられない」と言われ、制作チームはその制作会社とコスト交渉を行い、上層部との調整を図っていましたが、１カ月以上たっても結論が出ませんでした。

　この状況をどうさばけばよいものかプロジェクトリーダーから相談を受けた私は、「サービスサイトが販売に大きく左右するものでなければコストを最小限に抑え、サービスの成長に応じて段階的に見直せばいいのではないでしょうか」と伝えました。

　月額数百円で良質なサイトを作れるサービスが存在する今、出だしからわざわざコストを重くし顧客創造のスピードを遅くするのは無意味であるという結論に至り、上層部に伝えたところなんの問題もなく進みました。

　そのサービスは順調に顧客を増やした現在でも、月額数千円のプランでサイトを継続しています。

新商品や新規事業に臨む時、「コストをかけるほど良いものができる」と思い込んでいる人がいます。

　一方で、「できる限りコストを抑えたい」と考える人もいます。その背後には、「必要なものにはコストをかけるべきである」という暗黙の前提が存在します。しかし、本来私たちが考えなければならないことは「**このような価値を提供するために、どうやっても自分たちの力だけで実現できない部分はどこか**」であり、「**それを最小のコストで実現する方法は何か**」です。

　一部の投資ファンドやコンサルティング会社を除いては、まだ誰も実現したことのない価値に対して膨大なコストをかけようと考えたりはしません。アップルの最初のPCはガレージから生まれました。

　少し話はそれますが、近年、身の丈以上のオフィスや必要以上の人を雇い赤字を続けながらも市場からの資金調達で事業を継続する企業が増えてきましたが、これには少々疑問を感じています。

　顧客創造とは、人の幸せを心から願いその実現に向けて知恵を絞り、その対価として儲けを得ることであり、それは一企業でも、NPOでも、国家でも同じことです。

　顧客創造ではお金が先に出て、後から儲けが生まれます。事業継続性の観点から、初めに出るコストは最小に抑え、儲けが生まれてくればさらなる顧客創造に向けてコストを使えばいいでしょう。国の予算のように、年度の初めに使うべきコストを確保し、年度末になると余ったお金を消化するというお金の使い方はナンセンスとしか言いようがありません。

第**5**章

会社の会議を
再生するために
知っておくべきこと

「両利きの経営」では会議を使い分けるのが大事

▓▶顧客の創造と今の事業の安定成長を両立するには？

　会議に出ていると、たまに「この商品で売上を伸ばす方法を議論しながら、新しい商品についても考えていこう」と2つのことを同時に話す人がいます。

　このような話をしている限りは、新しい商品は絶対に生まれません。なぜなら、今ある商品で売上を伸ばす会議と、新しい商品を生み出す会議とは、思考もコミュニケーションも会議の進め方も全て異なるからです。**顧客の創造と今の事業の安定成長を両立するには「会議を使い分ける」ことが重要**です。

　多くの企業では、一つの会議の中でこの二つの話をまとめてしたり、普段の会議のやり方で新しい商品を生み出そうとしたりします。これでは、どちらもうまくいきません。

　これからの企業は、今の事業に取り組みながら顧客の創造にも挑戦する**「両利きの経営」**が求められます。それには、これまでのような**ごった煮会議ではなく、会議を分けて思考・コミュニケーション・進め方を使い分けることがポイント**です。

　その点、ベンチャー（企業）は顧客の創造に集中できると思われがちですが、多くのベンチャーは日銭を稼ぎながら顧客創造に取り組んでいるのが実情です。

ベンチャーであろうが大企業であろうが、顧客の創造と今の事業の安定成長が経営者にとって重要なテーマであり、経営者から会議を使い分けていくことが両利き経営への第一歩です。

▪▶ 日々の業務からいかに時間を捻出するか

　ある社長が「新商品の開発に着手したいが、繁忙期で従業員が忙しく落ち着いてから取り組もうと思っています」と話していました。
　この会社は、それから数年たった今でも新商品を出せていません。

　多くの企業では、新商品や新規事業に専任で人を配置することは難しく、日々の業務をしながら顧客の創造に挑戦することになります。日常業務の忙しさを言い訳に顧客の創造を先延ばしにすることは、企業にとって百害あって一利なしです。
　顧客の創造とは企業活動の本質であり、それにより事業と人材は成長します。

　私たちが仕事をする際の唯一の制約条件は「時間」です。時間だけは買うことも、他人に渡すこともできません。顧客の創造で最も時間を要するものは、考えることでありアウトプットすることです。その時間を捻出するために、今の事業を見直し、単純作業の外注化やクラウドサービスの利用、AI化で業務の効率化を図り、リモートワークで移動時間を軽減する工夫などをします。

　また問題解決の時間短縮にも取り組み、従業員が時間と心の余裕を持ってクリエイティブに顧客の創造に取り組める環境を作ること

も重要です。

　いろいろな会社を見てきましたが、**時間の配分としては日常業務7、顧客創造3を目安に調整しているところが多い**ようです。

　ここで一つ気を付けておくべきことは、**顧客の創造に使える時間はすぐに奪われてしまう**ことです。

　例えば、日々の業務の中で発生するトラブル、自分や家族の病気、プライベートな出来事などに時間は奪われます。

　自己管理は当然ですが、一人一人の時間を上手に操る役目の人を置きましょう。私は推進役としてその役目も請け負いますが、臨機応変に対応しながらメンバーの頭を動かすようにしています。

会議を使い分けて事業を伸ばす

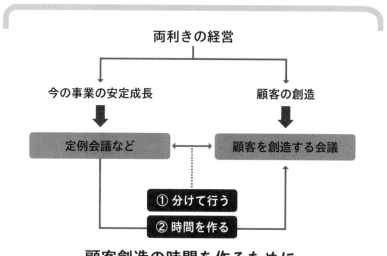

会議に入れる人・入れない人を意図的に選別する

■▶ 頑張る人よりイメージできる人を入れる

　普段の仕事では「これをよろしく」「はい、やっときます」や「これをお願いしたい」「はい、頑張ります」というやり取りがよく見られます。しかし、第3章の143ページでも触れましたが、顧客の創造では理想脳や現実脳、推進脳といった機能を頭の中にイメージできる人材を選ばなければなりません。なぜなら**頑張ることを求めるのではなく、アウトプットの質を求める**からです。

　私は、人選をかなり慎重に進めます。
　例えば「本当にこのメンバーで答えは出せるのか」「求めるアウトプットは出せそうか」「期待される役割をイメージできているか」といったことを一つ一つ確認しながら、人選と頭の役割分担を決めていきます。
　ある会社の社長から「彼に頑張ってもらいたいからプロジェクトリーダーにしたいです」や「頑張る性格なのでメンバーに加えたいと考えています」と相談を受けましたが、私は全てお断りしました。
「**成果を出したいのか、人の可能性に賭けたいのか、どちらでしょうか**」とその社長に聞くと、「もちろん成果を出したい」と言われましたので「だったら、成果を出せる頭脳を持った人を選びましょう」とお伝えしました。

過去に、私は新商品開発や新規事業の人選に失敗したことがあります。それも一度や二度ではありません。

　メンバーのアウトプットのリカバリーやコーディネートに非常に苦労した経験から、答えを出せる頭脳を持つメンバーを集め、考える役割を分担する方法を考え出しました。そうしてからは、ストレスなく確実に成果を出せるようになりました。

　人選を間違えて顧客の創造自体をつまらないものにしないよう気を付けましょう。

■▶ 断る勇気、入れない勇気を持つ

　会議にありがちなのが、「あの人も入れておいたほうがよさそう」や「この件に関わっているから私も会議に参加します」とやみくもに人を増やしてしまうことです。

　しかし、**会議で人が増えると発言しづらくなる、いろいろな人の顔色を窺う、役割がぼやけるといったことが起こり、顧客の創造から遠ざかります**。

　こういうことを起こさず、必要最小限の頭脳で新しいイメージを創り出せるよう、「会議に出たい」と言われても「内容は後で共有しますので、今回はこのメンバーでディスカッションさせてください」と断る、「この人も入ってもらいたい」と言われても「すみませんが、会議後にその人と内容を共有してください」と入れないようにしましょう。

なんらかの事情で、**どうしても入れなければならないのであれば、**
「オブザーバー」といった、役割を付与しない形で参加してもらう
ことにします。
　私はたとえ社長から「この会議に入りたい」と言われても、「社
長として発言せず、オブザーバーとしての参加でよろしければご参
加ください」とお伝えしています。

　これまで、「会議への参加が当たり前」「関係しそうな人を会議へ
入れてきた」という人には少々荷が重いと思いますが、顧客を創造
したいと強く思うのであれば頭を切り替えて挑戦してください。

会議に入れる人・入れない人を選別する

**会議のアウトプットの「質」を
高めることが目的**

顧客創造の挑戦者は 大いに応援する

■▶「できて当たり前」を捨てよう

私がある企業で新規事業の推進をしていた時に、別部署の会議で「今進めている新規事業の件ですが、本当に成功するのでしょうか?」と聞かれたことがあります。

私は「成功するかどうかはわかりませんが、メンバー全員が目指す姿の実現に向けて全力でアウトプットしています」と答えました。

顧客の創造に取り組んだことがない人の中には、やればできるものだと思い込んでいる人がいます。

そういう人は、人が失敗すると「それみたことか」と言い、成功すれば「従業員として当然のこと」と言います。

その言葉は、顧客の創造に取り組んでいる人たちからすると胸をえぐられるような言葉です。

できるかできないかわからない、たとえ実現できても売上や利益を生み出せるか見当がつかない、もし失敗すれば自分のキャリアや評価に傷がつくかもしれない、しかしよりよい会社にしようと前進する人に後ろ指を指したり、妬んだりするようなことは断じてしてはなりません。

そういう人にかける言葉は「頑張れ」「うまくいくといいね」「で

きることがあれば協力する」と応援することであり、実現した暁<ruby>暁<rt>あかつき</rt></ruby>には一緒に喜んでください。

　そうすることで、顧客の創造に前向きになる雰囲気が組織に育まれ、自発的な取り組みが自然と生まれるようになります。

◆▶顧客の創造を特権にしない

　一方で、顧客の創造に挑戦する人たちを特別扱いするのもよくありません。

　今の仕事と顧客創造のプロジェクトを兼務しているケースでは、楽しいほうを優先してしまうことがありますが、これもダメです。

　また、「彼は顧客創造のプロジェクトで忙しいから、君がその分の仕事をサポートしてあげてほしい」と言ってしまう上司を見かけることもありますが、これもしてはいけません。

　今の仕事を優先しながら時間を捻出し、顧客の創造に時間を振り向けることを基本としましょう。

　顧客の創造が仮にうまくいって、今の仕事の業績をカバーする、もしくはそれ以上の業績を上げるようになっても、「自分たちが頑張ったから今の会社がある」や「他の人間は何もしていなかった」と天狗になってはいけません。

　「かごに乗る人担ぐ人そのまた草鞋<ruby>草鞋<rt>わらじ</rt></ruby>を作る人」という諺<ruby>諺<rt>ことわざ</rt></ruby>があるように、企業ではみんなそれぞれの役割があり、それで事業が成り立っています。

　うまくいったら「みんなの協力があったらから実現できた」「自分も頑張ったけれど、会社にそれだけの力があったから成し得た」と言うようにしましょう。

そうすれば、新たな顧客の創造に挑戦する時には、より多くの人
から協力を得られることでしょう。

**挑戦する人、協力する人、応援する人が組織に広がることで、顧
客の創造は加速していきます。**

経営者は率先して、組織が顧客創造に取り組む雰囲気を作るよう
にしましょう。

新 た な 価 値 を 生 み 出 す 組 織

顧客創造に取り組む人	周りにいる人
☑ 特別扱いしない	☑ 後ろ指を指さない
☑ 天狗にならない	☑ 妬まない
☑ 同僚に感謝する	☑ 挑戦を応援する

顧客の創造に前向きに取り組む組織が育まれる

**顧客創造に取り組む雰囲気を作る
＝経営者の仕事**

オンライン会議は「フルに活用すべき」もの

■▶ 会議が終わった後はアウトプットの時間を作る

これまでの会議は集まることに比重が置かれていましたが、顧客の創造では方針や企画のイメージを作り、その実行や検証・改善で解像度を上げるために会議は行われます。

そして仮説をもとに、資料化や社内の巻き込み、顧客への提案といったアクションをしていくわけですが、オンライン化が急速に進む今、それらの活動は社内に閉じたものではなく、自宅、移動中、顧客先など様々です。

そのような状況で「一堂に会して会議を行うことを前提にするのは時代遅れ」です。

今やオンライン環境や各種ツールは充実し、いつでもどこからでも会議やコミュニケーションを行える時代になりました。
「習うより慣れろ」で、アウトプットする時間を生み出すためにオンラインは積極的に活用すべきものです。

一方で、オンライン会議がやりやすくなり、逆に会議が増えたという声も聞きます。

私も一日に10件会議が入る時もあります。会議はアウトプットを作るために行われるものであり、会議をすることが目的化しては意味がありません。

オンライン時代では、「本当にこの会議をする意味があるのか」「この会議で作るイメージは何か」を問うことが大事になります。

アウトプットを作る人は、会議が終わった後にアウトプットする時間を必ず設けるようにしましょう。

私は、オンラインカレンダーに作業するスケジュールを入れて、その時間は会議を入れないようにしています。

■▶ オンライン会議を使えない人は取り残される

「オンライン会議だと相手の表情や雰囲気がつかめず、どうも話がしづらい」という声を聞きます。

特に、これは年代が上の方や営業の方に多いような印象を受けます。しかし、オンライン会議は一過性のものではなく間違いなくこれからの主流になります。

なぜなら、顧客創造のための時間を作り、その活動スピードを加速しなければならないからです。

相手の表情や場の雰囲気を読んで、自分の発言を調節することや、忖度や妥協をすることは一切不要です。

オンライン会議ではリアルな会議よりも、自分の頭をより強く動かし、相手の頭の中のイメージをつかみ取って、そのイメージを膨らませるクリエイティブな頭の使い方が要求されます。

頭の中から新しい価値を生み出す時代に必須の能力であり、それはオンライン会議に慣れることによって鍛えられます。

つまり、これからの時代をサバイブするためにもオンライン会議

を積極的に使うべきものなのです。

　オンライン会議を使いこなせない人は、顧客を創造する仕事には入れてもらえず、残念ながら取り残されていくことでしょう。

　オンライン会議に苦手意識を持っている人は、今すぐリアルの会議を見直すべきです。会議で頭をうまく動かせていない可能性が高いです。

　オンラインのディスカッションに慣れるとリアルの会議の質も上がります。一刻も早く取り組みましょう。

オンライン会議で組織の思考と行動をより加速する

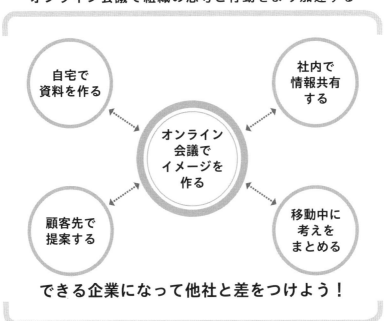

苦手領域は
外部の知で補う

▇▶ 苦手な頭脳は外から借りる

　ある銀行の紹介で融資先へお伺いした時のことです。

　その会社は、事業計画を立て目標数字と行動計画を従業員一人一人にまで落としていましたが、事業計画を実現できずにいました。理由は簡単で、実行は個人任せで推進役が不在であることでした。

　私は、事業計画が実現しない理由と、推進役の役割について社長へお伝えしたところ、「それができる人材は、今当社にいません。先々は自分たちでできなければいけないと思い、至急推進役を選定するのでサポートしていただけませんか」と言われました。

　私が「そんなすぐに依頼して大丈夫ですか?」と聞くと、「はい、日ごろ当社に足りないものは何で、その弱みを強みに変えることを考えていて、今の話は腑に落ちました」と言われました。

　またある人の紹介で社長を紹介された時、「当社は全て自前でできるようになっています」と自信満々に答えられました。

　さも「外の人から教えてもらうことは何もない」というスタンスが社長の態度から溢れ出ていました。

　帰り際、紹介した人は「あの社長、ああ言っていますが、この10年業績は低迷しています。外の力を借りればよいと思ってご紹介したのですが……」と言いました。

苦手なことが原因で、事業の安定成長が進んでいないのであれば、経営者としては一刻も早く克服すべきです。

それが社内では難しく、**外部の頭脳を借りる必要があるなら積極的に活用すべき**です。

■▶ 思考の丸投げは絶対ダメ！

一方で、仕事が忙しい、何かいいアイデアが欲しいなどの理由で、外部に考えることを丸投げする人がいます。

私の持論では、理想脳と現実脳は原則として企業が担うべきもので、自社だけでは思考のストレッチが難しい専門的な頭脳、例えばマーケティングやクリエイティブ、法務や労務、税務に関わることなどは外部専門家の頭脳を借りるべきだと考えています。

しかし、コンサルタントと呼ばれる人たちの頭を借りる時には注意が必要です。

例えば「店舗改善コンサルタント」という人がいたとすると、どの部分について何を借りたいのか明確にしておく必要があります。それがないまま依頼しても、求めるアウトプットや成果には繋がりません。

また、多くの企業では推進役を育成してこなかったことを背景に、最近では先ほどの企業のように社内推進役の育成相談を受けることも多くなってきました。**理想脳や現実脳に知見を蓄積することは組織の発想力やアウトプットする力を強くしますので、セミナーや講演会、他社事例などを通じてインプットを増やしていきましょう。**

さらに、社外の人とディスカッションをすることで、新しいアイデアを生み出すこともお勧めします。

　私もクライアント企業の社長からディスカッションを依頼されることが少なくありません。イメージを膨らませ組織の想像力をたくましくするための投資は惜しまず、積極的に行うようにしましょう。

外部の知を借りる３つのパターン

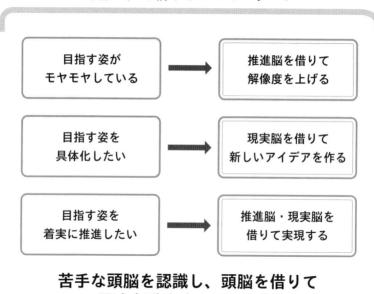

目指す姿が
モヤモヤしている
→
推進脳を借りて
解像度を上げる

目指す姿を
具体化したい
→
現実脳を借りて
新しいアイデアを作る

目指す姿を
着実に推進したい
→
推進脳・現実脳を
借りて実現する

**苦手な頭脳を認識し、頭脳を借りて
顧客創造を実現しよう！**

組織に自信を植え付けることも忘れずに

▪▶ 小さな成功事例を活かす

　顧客の創造に慣れていない組織の場合、自分たちがしていることの何が正しく、何が間違っているのかわからず不安になります。

　そのような状態で、「そんな考えではダメだ」や「どうしていい考えが出てこないのか」と問い詰めると、取り組んでいる側は萎縮するばかりです。発想はどんどん小さくなり、面白いアイデアは出てこなくなります。

　会議で少しでも面白いアイデアが出てくれば「それは面白い」と反応する、自分なりの考えを持ってきたら「おー、いいね！」、問題がクリアできたら「すごいじゃないか」と褒める、商品ができたら「頑張ったな」と<u>アウトプットに対してポジティブなフィードバックを心がけましょう</u>。

　取り組んでいる人たちは、「受け入れてもらえているようだからもっと頑張ろう」と前向きな思考になります。

　このように、アウトプットに対して一つ一つ丁寧にフィードバックすることで、相手は少しずつ自信を持ち、それがモチベーションとなって自ら考えるようになります。

　<u>自律的に考える組織にしていきたいのであれば、面倒と思わず、苦手意識を克服して実践しましょう</u>。経営層が率先して行えば、自

然と組織の中にいい雰囲気が生まれます。

■▶ さらなる高みを目指す

　一定のレベルまでアウトプットができるようになったら、次はさらに高みを目指します。

　会議で面白いアイデアが出たら「こんな方向でさらに考えられないだろうか」とより高いレベルのアイデアを考えるように促します。

　これは**ディレクション**と呼ばれるものですが、アイデアを直線状に並べたその先の方向性を示し、思考をストレッチさせる方法です。

　私が広告会社に勤めていた時、クリエイティブの会議ではよく行われていました。

　クリエイティブディレクターと呼ばれる人が、数名のクリエイターのアイデアを見ながら、「ここをこのように変えてみてはどうだろう」や「ここのアイデアが今一つ面白味に欠けるのでもう一度考えてほしい」といった指示をしていました。

　指示された側は、「いったんアイデアは受け入れられたぞ。より面白いものを期待されているから、もう一度アイデアを練り直してみよう」と頭が働きます。

　ディレクションする側は、示す方向とその先がぼんやりとでもイメージができていないと難しいのですが、それをしないと組織の思考は高まりません。

　業績のいい企業の中には、社長自らディレクションし、従業員が考えた商品やサービスに対してよりよいものになるフィードバック

を行う企業もあります。

　経営層は、より高みを目指し組織が協力して考えることを促すことで、よりよい商品や事業を生み出すことができる組織にしていきましょう。

組織に思考のブレークスルーを起こす

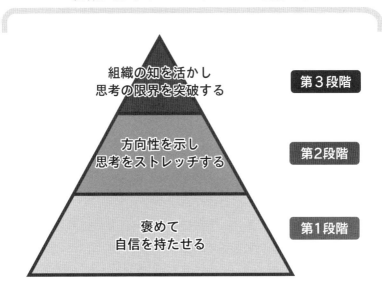

組織の知を活かし
思考の限界を突破する　**第３段階**

方向性を示し
思考をストレッチする　**第２段階**

褒めて
自信を持たせる　**第１段階**

経営層が率先して行うべきもの

考えるクセで社員に
自走を促す

■▶ 考えるクセをつけさせる

　考えがまとまっていない人から「これ、どう考えたらいいと思いますか」や「考えていたらよくわからなくなってしまいました」と相談を受けると、つい答えを教えてしまいたくなるものです。

　しかし、そこはグッと我慢し「例えば、こういうイメージではどうだろう」や「こういうことをイメージしていませんか」と相手のイメージの解像度を上げるフィードバックをするといいでしょう。

　答えを教えてばかりいると、相手は「困った時はこの人に教えてもらえばいい」という思考になり、自分で考えようとしません。

　私は、答えに近いようなことを言いつつ「……というイメージはどうでしょう」と、アイデアを提供しながら「最後に考えるのはあなたですよ」というスタンスを取るようにしています。

　何を考えていいのかわからない人へ、「もっと考えなさい」と言ってもかえって相手の頭を混乱させてしまいます。

　この「ヒント」＋「……というイメージはどうでしょう」という構文は意外と使いやすく、こう言われた相手は「イメージができてきました。もう一度自分なりのイメージを整理します」と言い出すようになります。

「少し回りくどいな」と感じる人もいるかもしれませんが、長年仕

事をしてきて**自律的な思考を養うにはこの方法が一番の近道**だと確信しています。

▶ 社長の頭を超える

　従業員が考えてきたことの中には、社長の頭の中（想像）を超えるものが出てくることがあります。

　例えば、DXやテクノロジー分野になると若い人のほうが想像力は豊かです。もし想像を超えるアイデアが出てきたら、それを心から喜び推奨してください。

　そして「自分では思いつかないようなことを、思いついてくれてありがとう」と言葉をかけてあげましょう。

　企業は社長のものだと考えている間は社長の思考以上には広がりませんが、将来の事業の成長を見据えて新しい発想を取り入れる企業は確実に発展します。

　社長の発想を超える従業員が次々に出てくれば、企業は今以上に成長するでしょう。

　そして、常に新しい顧客の創造へと組織は動いていきます。社長は、組織が自分の想像を超えるように自信を持たせ、高みを目指して考えさせましょう。

　私はそういう企業のサポートも手がけましたが、創造的な緊張感に溢れ、実に気持ちのいい仕事ができました。

　最後に面白い話を一つ。

以前、本田技研工業では新規事業コンテストを行っていて、社内で優勝したのが「折り畳み式電動バイク」でした。

　それを本田宗一郎に報告したところ真っ赤な顔で怒鳴ったそうです。「もっと面白いことをするために、自分はバイクを作って儲けているのに、同じバイクを作ってどうすんだ！」と。

　本田宗一郎は組織に社長の想像を超えさせようとした社長でした。

自律的に考える組織を作る

「……と考えるのはどうだろう」

超えるものが
出たら喜ぶ

社長の思考

自律的な思考を
引き出す

組　　織

**組織から考えを引き出し、
持続可能な企業にしよう！**

COLUMN

プロジェクトをストップさせる
社内の面倒な人の扱い方

　第1章で、理想脳や現実脳についてお話しましたが、実際の組織ではこの通りに動いてくれない人がいます。その典型例として、

- 人の意見を聞こうとしない「思い込みの強い人」
- 答えや成果ばかり急ぐ「せっかちな人」
- ネガティブな反応や後ろ向き発言が多い「批判的な人」
- 具体的に伝えないと動かない「指示待ちの人」
- やりますと言ってやらない「動きの悪い人」

が挙げられます。ここでは、そのような人に出会った時の対処法を、私の経験をもとにお伝えします。

▣▶ 思い込みの強い人

　強烈な成功体験をした創業者や自信過剰の人に見られがちですが、周りの誰かが意見をしても「絶対に自分の考えのほうが正しい」と言い張って耳を傾けようとしません。

　こういう人に「それは違うと思う」と真正面から反対すると逆効果となり、また「こちらはどうでしょうか」と別案を提案しても信念を曲げようとはしません。ただ、**自信の裏には必ず何か背景があるので、まずそれをつかむことから始めます。**

　例えば、「確かに、その考えは面白いと思います。そう強く思う

理由を聞かせていただけませんか」と伝え、相手が「以前、これで成功したので、今回も同様にやればうまくいくはずだと思っています」と言ったら、「確かに、その成功は素晴らしいですね。しかし、その時と今回はこの点が異なるため、それを踏まえた方法をイメージする必要があるように思いますが、どうでしょうか」と質問しながら、相手の思い込みの枠を外すようにリードします。

　相手が「確かにそうかもしれません」と言ってもらえるようになれば、そのイメージを膨らませるディスカッションに入るといいでしょう。

➡️ せっかちな人

「あの件はどうなった？」や「全然進んでいないじゃないか」と言いがちな人に、今の状況を事細かに説明する、進んでいない理由を並べ立てることは火に油を注ぐようなものです。「だから、そういうことを聞いているんじゃなくて！」と言い返されてしまいます。

　このような人とは、**まずゴールイメージを共有し、スケジュールを固めることから始めましょう。**

　例えば、「この件については、企画を仕上げることをゴールに、１カ月で終わらせたいと思います。２週間で素案を作り、それを確認いただいた後、残りの２週間で仕上げ、確認いただこうと思いますが、いかがでしょう」というイメージです。

　せっかちな人の多くは、あまり細かい内容までは踏み込んでこないのですが、たまに細かくチェックしようとする人がいます。そういう場合は、「週に１度、進捗状況を共有したいと思いますので、水曜日の朝９時にお時間いただければと思いますが、いかがでしょ

うか」と事前に予定を押さえておくといいでしょう。

　いずれにせよ、相手から確認や報告を求められないようにしておくことがポイントです。

▐▶ 批判的な人

　こちらが何か言うと「それは実現が難しいんじゃないか」や「それを社内の人間でできるのだろうか」と言う人に対して、「実現できるかやってみなければわかりません」や「そんなことを言っても始まらない」と反論しても意味はありません。

　批判的な表現にいちいち反応するのではなく、そのような発言に隠された真意を確かめましょう。「難しい」や「できない」と発言する裏には必ず何か理由があります。

　例えば、「難しいとおっしゃる理由は何でしょうか」と質問し、「この課題をクリアしないとダメだと思っています」と言われたら、「その課題をクリアするイメージを一緒に考えたいのですがいかがでしょう」と相手をディスカッションに巻き込んでいきます。

　批判的な人から頭脳を借りることができるようになると、イメージの解像度を飛躍的に上げられるようになります。理由は、批判的に物事を見ることのできる人は思慮深い人が多いからです。

▐▶ 指示待ちの人

　話をしていると「では、具体的に何をすればいいのでしょう」や「具体的に言ってもらわないと動けない」という人がいます。

　このような人を一括りに「受け身な人だ」「使えない人だ」と

レッテルを貼ってしまわず、相手と一緒にイメージを作るようにしましょう。**指示待ちに見えるのは、実は頭の中にイメージが湧いていないことが大半**だからです。

例えば、「具体的にどうすれば」と聞かれたら、「こんなイメージを持っているけれどどうでしょう」とヒントを与えながら思考を促すようにします。

相手が「こういうことでしょうか」と答えを探るような質問をしたら、「たとえ話をしただけで、あなたならどう考えますか？」と相手の思考を引き出すようにして、相手の頭の中にイメージさせるようにします。

くれぐれも「こうして」と答えを言ってしまわないように注意してください。そうすると、いつまでも指示待ち状態から抜けられません。

▐▶ 動きの悪い人

「やります」「わかりました」と言ったのに動いていない人に、「どうしてできないのか」と問い詰めると思考停止となって逆効果です。多くの場合、イメージを持たないまま空返事をしてしまい、後になって一人で悩むパターンです。

イメージがないため、「どうしよう」と悩みながら他の仕事に追われてしまいタイムアップになります。

このような人には、指示待ちの人同様、一緒にイメージを作ることが効果的です。「やります」と返事をしたら、「どのように動くイメージを持っていますか」と質問し、相手のイメージを引き出します。たいてい、「どう動いていいかよくわかりません」と答えるの

で、「例えば、こういう感じで動くのはどうでしょう」とヒントを出しながら相手にイメージさせます。

　相手が考えこんでしまうようなら、「実際に動くとするなら、具体的には何と何をどのように行うイメージですか」と細かく分解してイメージさせていくのも一手です。

　イメージを引き出すこちらが、「代わりに自分が引き受けることになれば、これなら動けそう」というところまでイメージを具体化することがポイントです。相手に「考えておいてください」と思考を投げてしまうとまた「やります」「わかりました」と言って、同じことが起こり、相手は動いてくれません。

社内の面倒な人の扱い方

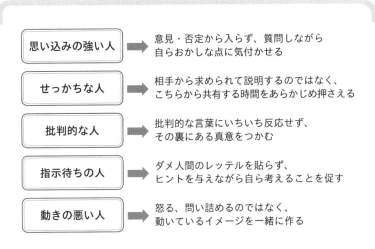

思い込みの強い人 ➡ 意見・否定から入らず、質問しながら自らおかしな点に気付かせる

せっかちな人 ➡ 相手から求められて説明するのではなく、こちらから共有する時間をあらかじめ押さえる

批判的な人 ➡ 批判的な言葉にいちいち反応せず、その裏にある真意をつかむ

指示待ちの人 ➡ ダメ人間のレッテルを貼らず、ヒントを与えながら自ら考えることを促す

動きの悪い人 ➡ 怒る、問い詰めるのではなく、動いているイメージを一緒に作る

感情的にならず、相手の頭を動かすことに集中しよう！

　本書の「はじめに」で、
「どうすれば、顧客を創造する会議ができるのか？」
　これが、本書で解き明かそうとする問いです。
　と書きました。
　最後までお読みいただき、いかがだったでしょうか？　その解を見つけていただけたなら、こんなにうれしいことはありません。

　日本人と会議には、密接な関係があります。
　聖徳太子の「十七条憲法」や明治天皇の「五箇条の御誓文」には、議論によって正しい道を見つけることの重要性が説かれ、渋沢栄一や松下幸之助、土光敏夫など日本のエリートたちは会議を上手に使いこなして、組織を一つにまとめ未来を切り拓いてきました。
　私たち日本人には、会議によって衆知を活かし、一人では成し得ない価値を生み出そうとする「性質」が本来備わっているのです。しかし、今の世の中を見ると、国や会社、家族など至るところで、個々人がバラバラに考え足並みが揃わない光景を目にします。

　実は、これと似たようなことが自然界にも存在します。それは、みなさんもご存じの「レーザー」です。
　レーザー（LASER）とは、「Light Amplification by Stimulated Emission of Radiation」の頭文字を取ったもので、普段はバラバラに動く原子や分子を同じ方向に動かし、出てきた光を増幅する技術によって、強く美しい光を作り出しています。

先人が残した知恵によって、私たちは通信や医療、工業等、幅広い分野でレーザーの恩恵を受けています。

　私は、大学、大学院でレーザーの理論と取り扱う技術を研究していました。社会人になって会議を頻繁にするようになってから、「レーザー」と「会議」の類似性をずっと感じていました。どちらも、普段バラバラに動く個を一つにまとめ、世の中を変える力を生み出すことができるからです。

　バラバラになりつつある今の社会が一つにまとまるようにという想いを込めて、私は本書を「会議の理論書」「実践するための技術書」として書き上げました。

　とはいえ、私個人の経験の体系化に留まり、本当の意味での理論書・技術書と呼ぶには程遠いものかもしれません。

　読者みなさんの中には「ここに違和感がある」「もっとこうすると良いのでは」というご意見があると思います。

　そのような時は、私の「素案」が未熟であるものと思い、みなさんが正しく頭を動かし、周囲の頭脳を借りながら、より強い「仮説」を生み出し、実行・検証・改善していただけたら幸いです。

　普段はバラバラに動く原子や分子が一本の強く美しい光を作り出すように、会議によって衆知を活かし、一人一人が輝き、感動できる社会が実現することを心から願っています。そして、顧客を創造する「正しい頭の使い方」を未来へ残していきましょう。

2021年8月
高橋輝行

著者紹介

高橋輝行 （たかはし・てるゆき）

会議再生屋
1973年東京生まれ。東京大学大学院理学系研究科を修了後、博報堂
にて教育エンタメ系企業の広告・PR・ブランディングを実施。その後、
ベンチャー企業を経て経営共創基盤（IGPI）でぴあの経営再建を主導。
2010年KANDO株式会社を創業。会議を使った価値創造の組織マネジ
メント手法を開発。中堅・中小企業を中心に100社以上の新商品／新
事業開発を推進。座右の銘は「知行合一」。桜美林大学大学院MBAプ
ログラム 非常勤講師、デジタルハリウッド大学メディアサイエンス研究
所 客員研究員。
著書に『ビジネスを変える！ 一流の打ち合わせ力』（飛鳥新社）、『頭の
悪い伝え方 頭のいい伝え方』（アスコム）他。

メンバーの頭を動かし顧客を創造する
会議の強化書　　　　　　　　　　　　　　　〈検印省略〉

2021年　9月22日　第　1　刷発行
2023年　7月　6日　第　2　刷発行

著　者——高橋　輝行（たかはし・てるゆき）

発行者——田賀井　弘毅

発行所——株式会社あさ出版
　　　　〒171-0022　東京都豊島区南池袋2-9-9 第一池袋ホワイトビル6F
　　　　電　話　03 (3983) 3225 (販売)
　　　　　　　　03 (3983) 3227 (編集)
　　　　F A X　03 (3983) 3226
　　　　U R L　http://www.asa21.com/
　　　　E-mail　info@asa21.com
　　　　印刷・製本　神谷印刷（株）

　　　note　　　　http://note.com/asapublishing/
　　facebook　　　http://www.facebook.com/asapublishing
　　twitter　　　http://twitter.com/asapublishing